쉽게 이해하는 블록체인 암호화폐 자금세탁방지

백남정 지음

실무자를 위한 핀테크 자금세탁방지 가이드

Anti Money Laundering

지식플랫폼

쉽게 이해하는 블록체인, 암호화폐 자금세탁방지

초판 1쇄 발행 2019년 11월 4일

지은이	백남정
펴낸이	김주연
북디렉팅	엄재근
기획편집	그린팰스
디자인	M.S.G.

펴낸곳	지식플랫폼
주소	서울시 구로구 경인로 662 디큐브시티 15층 1512호
등록번호	제 25100-2017-000051호
이메일	bookplatform@naver.com
팩스번호	0507-489-4370

값 18,000원
ISBN 979-11-88910-22-9 (13320)

이 책은 저작권법에 의하여 보호를 받는 저작물이므로 무단 전재와 무단 복제를 금합니다.
이를 위반할 시에는 형사상 민사상의 법적 책임을 질 수 있습니다.
잘못된 책은 구입하신 서점에서 바꾸어 드립니다.

> 이 도서의 국립중앙도서관 출판예정도서목록(CIP)은 서지정보유통지원시스템 홈페이지
> (http://seoji.nl.go.kr)와 국가자료종합목록시스템(http://www.nl.go.kr/kolisnet)에서
> 이용하실 수 있습니다. (CIP제어번호 : CIP2019042650)

쉽게 이해하는 블록체인,
암호화폐 자금세탁방지

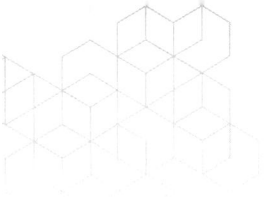

들어가며

2019년 7월 키오스크 도입 프로젝트를 진행하던 중 신규 고객 테스트에서 입력 오류가 발견되었다. 고객이 주소를 입력하지 않고 저장하면 내부적으로 AML 오류가 발생했는데, 알고 보니 금융정보분석원에서 정한 CDD(고객확인제도) 입력항목인 주소가 입력되지 않았기에 AML(자금세탁방지) 오류가 뜬 것이었다.

우리나라가 금융선진국의 대열에 들어서면서 일상에서 자금세탁방지에 대한 조건이 요구되고 있다. 전자금융사업자, 대부업자, 블록체인까지 다양한 곳에서 자금세탁방지에 대한 필요성이 증가하고 있다.

필자는 3년 전만 해도 자금세탁방지가 무엇인지도 모르고 살았다. 파워빌더로 시작해서 자바개발, 안드로이드앱을 개발하다 개인정보영향평가, 정보보호, 기업재난관리에 매진하고 있었다.

2017년 7월 소액 해외송금업을 등록하는 일을 수행하게 되었다. 소액 해외송금업을 등록하기 위해서는 금융정보분석원의 금융기관 코드를 받아야 했는데, 한국은행의 회선 연결이 선행되어야 한다고 했다. 정작한국은행에서는 금융기관 코드를 먼저 받아야 한다는 의견을 주었다. 뫼비우스의 띠 같았던 어지럽던 상황을 정리하면서 자금세탁방지에 대해 조금씩 눈뜨게 되었다. 당시 비대면 실명인증에 대한 구체적인 지침이 없어서 매일 금융위원회에 전화하면서 진행했던 기억이 새록새록 떠오른다. 그렇게 소액 해외송금업 1호 사업자 라이센스를 따는데 주도적인 역할을 수행하면서 자금세탁방지에 대해 알아가게 되었다.

2017년 9월에는 금융정보분석원과 은행과 소액 해외송금업의 자금세탁방지의 책임에 대한 회의를 하였다. 해외송금을 실제로 하게 되면서 특금법의 국가위험에 대한 기준을 수립하였고, STR(의심거래보고제도) 룰에 대해서도 정의했으며, 수시로 의심 거래가 발견되면 금융정보분석원에 신고하면서 자금세탁방지에 대한 지식을 쌓아갔다.

2019년 1월에는 삼성페이의 해외송금 중개 허용에 대해 회의를 하러 세종시에 내려갔었고, 기획재정부의 유권해석을 받아서 삼성페이 해외송금 오픈에 중요한 역할을 했던 기억도 난다. 이제 3년간의 자금세탁방지 업무를 하면서 느꼈던 점과 사람들이 어렵게 느끼는 부분을 풀어서 설명하고자 한다.

무엇보다 책을 쓸 때 가장 큰 힘이 되어준 아내 지은, 아들 동재, 고양이 벡터에게 큰 고마움을 전한다.

2019년 가을
백 남 정

목차

들어가며 4

Chapter 1. 암호화폐업무 흐름 11

1. 암호화폐 자금세탁방지 14
2. 암호화폐 개인정보보호 20
3. 컴플라이언스 22
4. ISMS(정보보호관리체계) 25
5. 특금법 개정안 30
6. FATF의 암호화폐 규제 권고안 34

Chapter 2. 자금세탁방지 실무 37

1. 금융정보분석원 40
2. AML(자금세탁방지제도) 44
3. KYC(고객 알기) 49
4. KYE(직원 알기) 52
5. 비대면 실명 인증 55
6. CDD(고객 확인 의무) 60
7. EDD(강화된 고객 확인) 63
8. WLF(요주의 리스트 필터링) 65
9. PEP(정치적 위험 인물) 68

10. 국가별 위험 70
11. CTR(고액 현금거래보고제도) 72
12. STR(의심거래보고제도) 74
13. RBA(위험기반접근방법) 78
14. 내부통제 80

Chapter 3. 블록체인과 암호화폐 85

1. 블록체인이란? 88
2. 한국의 블록체인 기술 개발 93
3. 블록체인과 암호화폐 96
4. 암호화폐의 종류 99
5. 토큰과 코인 102
6. 유틸리티 토큰, 증권형 토큰, 지불형 토큰 105
7. 자금추적이 어려운 프라이버시 코인 108
8. 스테이블 코인의 종류 111
9. 스테이블 코인 페이스북의 리브라 114
10. DeFi(탈중앙화 금융시스템) 117
11. 커스터디(디지털자산 수탁사업) 120
12. 블록체인을 이용한 해외송금 123

Chapter 4. 핀테크 127

1. 핀테크 130
2. 블록체인 VS 핀테크 134
3. 레그테크 138
4. 빅테크 140
5. 국내송금 및 대출 144
6. 해외송금 147
7. 삼성페이 해외송금 153

Chapter 5. 암호화폐 자금세탁방지   157

1. 벌집계좌와 가상계좌   159
2. 다크웹   163
3. 탈중앙화 거래소   166
4. OTC(암호화폐 장외시장) 마켓   168
5. DID(탈중앙화 신원확인 시스템)   170
6. 제재 비트코인 주소 목록   173
7. 트래블 룰   175
8. KYT(거래 알기)   179
9. 텀블러와 믹싱   183

Chapter 6. 자금세탁방지 솔루션   187

1. UN 및 각종 제재대상 목록   189
2. 기획재정부의 금융 제재대상 목록   192
3. 대검찰청 가상화폐 주소 조회시스템   195
4. 블록체인 자금세탁방지 솔루션 업체   198
5. 핀테크, 금융업의 자금세탁방지 솔루션 업체   205

Chapter 7. 자금세탁방지 관련 업무   211

1. 한국은행 보고   214
2. 금융결제원   220
3. 금융보안원   222
4. 마무리하며   224

Chapter 8. 실무 규정 및 법안 237

1. 자금세탁방지 및 공중협박자금조달금지에 관한 업무 규정　238
2. 가상통화 관련 자금세탁방지 가이드라인 개정안　260
3. 김병욱 의원입법안 주요 내용　279
4. 김수민 의원 입법안 주요 내용　292
5. (보도자료) 제30기 제3차 국제자금세탁방지기구(FATF) 총회 참석　300

주요 용어 정리　308
참고 문헌　310

Chapter 1.
암호화폐업무 흐름

2019년 8월 비트코인이 원화의 통화량보다 많은 세계 11번째 통화로 부상하게 되면서 블록체인을 기반의 암호화폐가 자금세탁 수법에 많이 활용되고 있다.

희대의 마피아 알 카포네가 도박장과 밀주판매 등을 통해 1927년 한 해에만 1억 달러를 벌어들이는 등 막대한 돈을 벌어들이고, 알 카포네 조직은 세탁소에 현금거래가 많다는 점을 이용해 자금을 그들의 영향력 아래에 있는 이탈리아인 세탁소의 합법적인 수입으로 가장한 것에서 자금세탁이라는 말이 유래되었다고 한다. 미국 암흑가를 지배하며 자금세탁을 하며 '밤의 제왕'이라고 불린 알 카포네도 세금은 피하지 못했다. 그는 1931년 탈세 혐의로 기소되어 감옥살이를 했다.

자금세탁과 밀접한 관련이 있는 범죄들은 우리 주변 일상에서 벌어지고 있다.

2019년 지금은 상상할 수 없지만, 1970~1980년대에는 차명 거래

출처: pixabay

도 많이 이루어졌다. 부자들이 세금을 적게 내려고 자기 재산을 다른 사람 명의로 해두기도 했다.

수표를 반복적으로 현금과 교환하는 '자기앞수표 돌리기'와 같은 수법과 보험사기, 환치기(불법 해외송금), 보이스 피싱 및 전자사이버칩이나 사이버머니, 고액의 게임 아이템을 이용한 자금세탁 등 최근에는 다양한 유형의 세탁 방법이 성행하고 있다.

2018년 자금세탁 등으로 의심되는 국내 금융거래가 100만 건에 육박했던 것으로 나타났다. 가상화폐(가상통화) 거래가 늘면서 의심스러운 거래도 급증했지만, 인력 부족을 이유로 정밀한 분석이 충분히 이뤄지지 못하는 상황이다.

국제자금세탁방지기구(FATF:Financial Action Task Force)는 자금세탁 행위를 '범죄 수익의 불법 원천을 가장하기 위한 과정'으로 정의하고 있다.

1.
암호화폐 자금세탁방지

　블록체인은 탈중앙화된 디지털 원장으로 승인된 모든 거래 기록을 영구적으로 보관하고, 기존의 거래처럼 별도의 관리자가 없기 때문에 자발적으로 거래를 기록하고 영구적으로 보관하는 작업(작업증명, 지분증명)을 해야 하는데, 이런 작업에 대한 보상으로 지급되는 것이 암호화폐이다.

　암호화폐의 시작인 탈중앙화된 비트코인은 2009년 사토시 나카모토(Satoshi Nakamoto)라는 개발자에 의해 탄생했다. 암호화폐는 개인 대 개인 경제시스템에서 가치 교환의 매개로 사용되는 디지털 자산이며, 암호화폐 사용량이 많아지면서 화폐처럼 취급하고 있다.

　사용처가 많아지게 되면서 화폐처럼 차명거래와 같은 자금세탁에 악용이 될 수 있다는 우려에 FATF(국제자금세탁방지기구)는 2020년 6월까지는 자금세탁방지에 대한 대책을 마련하라는 가이드를 제시하였다.

　이제 암호화폐의 자금세탁방지에 대해서 어떤 것을 준비해야 할지 알아보자.

블록체인 자금세탁방지에 관하여 업무 흐름을 파악하는 것이 중요하다. 이 업무 흐름의 파악을 위해서 개인정보 수집과정을 확인하는 것이 필요하다.

가상자산(암호화폐) 거래소의 회원가입 절차에 따라 약관 동의 절차 후, 고객의 개인정보 수집 동의를 받은 후 개인정보를 수집하는데 다음의 내용을 숙지해두어야 한다.

① 수집된 개인정보를 활용해서 고객을 확인하는 포괄적인 개념인 KYC(know your customer)를 수행하게 된다.

② 가상자산(암호화폐) 거래소는 주민등록번호와 같은 고유식별정보를 수집할 근거가 없기 때문에, 고객의 개인정보 수집 동의를 받아 이름, 주소, 국적 정보 등을 수집하는 CDD(고객확인의무)과 자금의 출처, 송금의 목적을 확인하게 되는 EDD(강화된 고객확인)을 수행하게 된다.

③ 원천 자금의 출처를 확인해야 하는데 가상계좌인 경우에는 '홍길동' 이름으로 가입한 고객은 '홍길동' 명의로 된 은행계좌로 송금되었는지 확인하게 된다. 벌집계좌는 이런 확인이 불가능하다.

④ 수집된 회원 정보를 이용하여 WLF(제재목록 확인)를 진행해서 PEP(정치적 위험 인물)인 경우 거래소의 내부절차를 수행하여야 한다. OFAC(미국 재무부 해외자산통제국)에 등록된 KHORASHADIZADEH Ali의 비트코인 주소인 "149w62ry42azbox 8fgcmqnsxuzsstkeq8c"로 보내는 경우에는 즉각 거절하는 KYT(거래알기)를 진행하게 된다.

⑤ 한 지갑이 여러 지갑에게 전송하거나, 여러 지갑이 한지갑으로 전송하는 경우 등 조금이라도 의심스러운 패턴인 경우에는 STR(이상거래

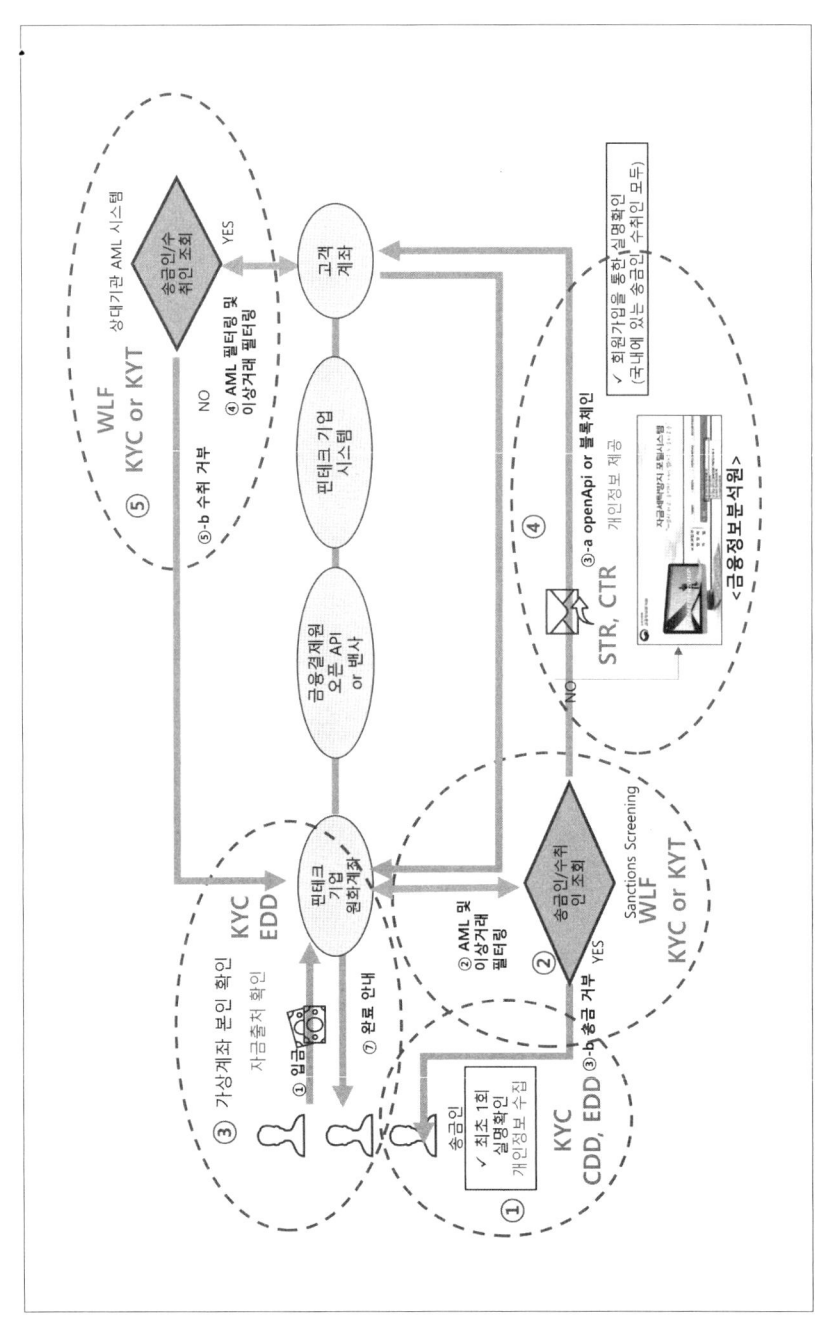

그림 1-1 블록체인 자금세탁방지 흐름

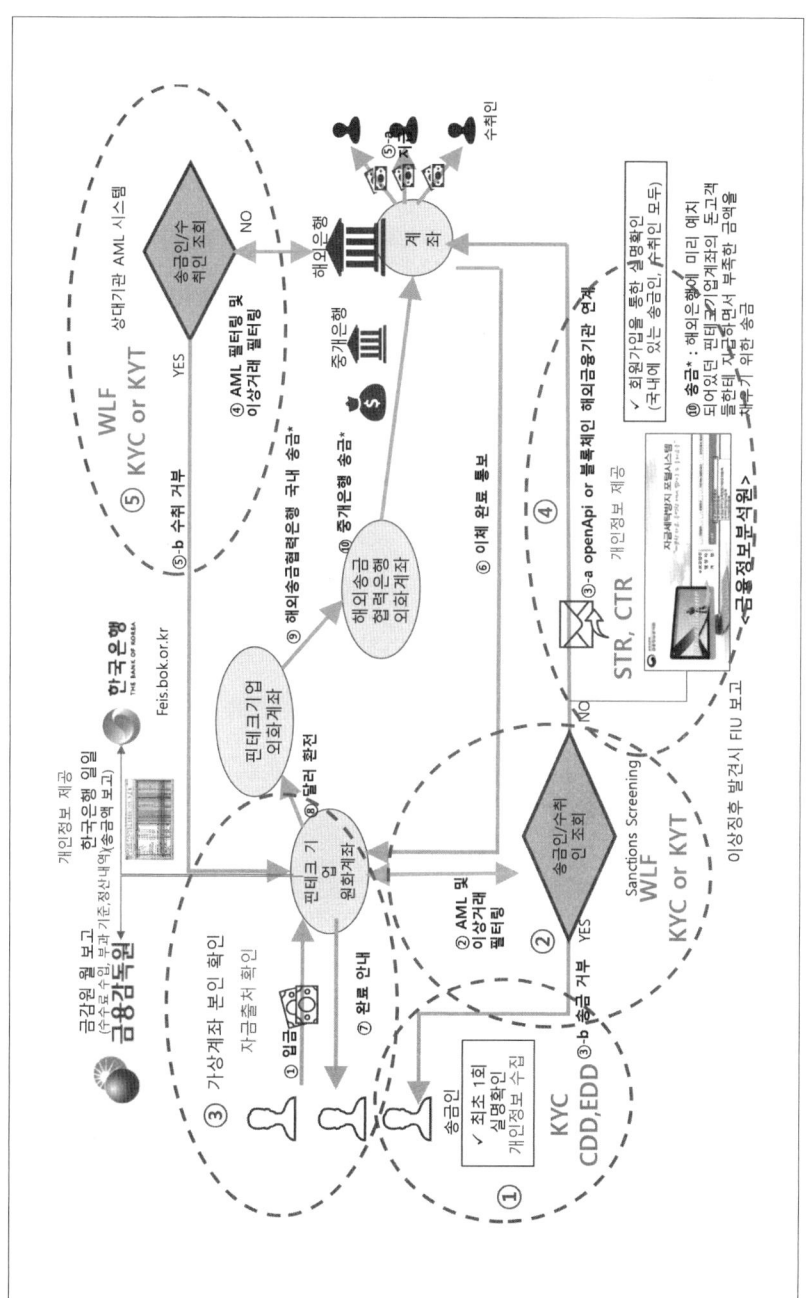

그림 1-2 핀테크 자금세탁방지 업무 흐름

Chapter 1. 암호화폐업무 흐름 17

보고제도)로 금융정보분석원에 신고를 하여야 한다.
⑥ 수신인의 가상자산(암호화폐) 거래소 혹은 금융기관에서 WLF(Watch List Filtering)를 수행하여 오사마 빈 라덴 같은 테러리스트나 신원이 불확실한 사람에게는 송금이 되지 않도록 해야 한다. 이와 같이 송금인, 수신인의 신원을 상호 확인하는 것을 '트래블 룰'이라 한다.

핀테크 전자금융, 해외송금에서도 '자금세탁방지 업무 흐름'도 '블록체인의 업무 흐름'과 비슷하다. 예를 들어 핀테크, 금융에서는 받는 사람이 북한 국적의 1969년생 남자이고 이름이 KIM, Yong Su(김영수)인 기획재정부의 금융 제재대상 목록이 올라간 경우에는 즉각 거절되어야 한다. 해외송금의 경우에는 고유식별정보인 주민등록번호, 여권번호 등이 외국환 거래법 시행령에 수집에 대한 법적 근거가 있다.

> 『제39조의2(고유식별정보의 처리) ① 기획재정부장관(제37조에 따라 기획재정부장관의 권한을 위임·위탁받은 기관의 장을 포함한다)은 다음 각 호의 사무를 수행하기 위하여 불가피한 경우 「개인정보 보호법 시행령」 제19조 제1호, 제2호 또는 제4호에 따른 주민등록번호, 여권번호 또는 외국인등록번호(이하 이 조에서 "주민등록번호등"이라 한다)가 포함된 자료를 처리할 수 있다. 〈개정 2012. 12. 12., 2017. 6. 27.〉』
>
> 출처: 외국환 거래법 시행령

해외송금의 경우 법적 근거가 있어서 주민등록번호를 수집할 수 있고, 한국 은행과 금융감독원에 보고가 추가되고, 해외송금을 위해 미리 보낸 돈으로 현지 은행에서 지불을 하고, 실제 송금액을 한꺼번에 모아서 중계은행을 통해 돈을 보내는 풀링 자금을 송금하는 프로세스가 추가 외에는 동일하다.

필자는 해외송금업 두 군데 회사에서 금융정보분석원의 STR 책임자를 역임하여 자금세탁방지 업무 프로세스를 정립하였고, STR이 어떤 경우에 보고해야 하는 것인지를 처음부터 정립해보고, 실제 금융정보분석원 보고 업무도 수행해보았다.

개인정보보호도 블록체인, 핀테크의 중요한 업무임에는 틀림없다. 개인정보보호를 위한 고유식별정보인 주민등록번호의 수집 법령 근거를 찾는 방법, 개인정보처리방침, 개인정보 내부관리계획 수립 등 개인정보보호에대한 내용은 필자의 저서인 《핀테크 개인정보보호》를 참조하면 좋을 것 같다.

그림 1-3 핀테크 개인정보보호 저서

2.
암호화폐 개인정보보호

암호화폐 개인정보보호를 알기 위해서는 우선 개인정보보호법에 관한 이해가 필요하다.

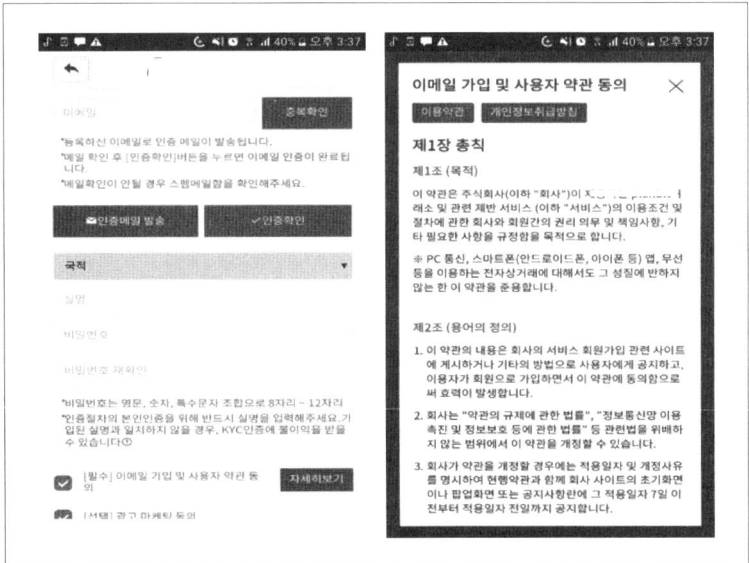

그림 1-4 가상자산(암호화폐) 거래소 개인정보 수집 동의 화면

가상자산(암호화폐) 거래소는 개인의 동의를 받아 수집된 개인정보로 개인정보의 라이프 사이클에 따라 수집, 동의, 이용, 제공, 보관, 파기의 절차를 따르게 된다.

그림 1-4의 경우 그림의 상단에 '개인정보취급방침'이라고 표현을 한 것을 보아서, 예전 자료를 그대로 가져와서 쓴 것이 분명한 것으로 보인다. 개인정보취급방침이라는 표현은 이제 더 이상 쓰지 않기 때문이며 '개인정보처리방침'이 올바른 표현이기 때문이다.

2016년 3월 22일 개정 및 공포된 '정보통신망 이용촉진 및 정보보호 등에 관한 법률'(이하 '정통망법')의 시행에 따르면 개인정보 '취급'을 '처리'로 변경하여 용어를 통일하도록 개인 정보 취급방침에 대한 개정이 되었는데, 그 이전에 작성된 내용을 가져와 사용한 것이다. 사소한 것이라고 볼 수 있으나, 핀테크·블록체인 개인정보보호 담당자가 지속적으로 변하는 개인정보보호법의 변화를 따라가지 못한 사례라고 할 수 있다.

3.
컴플라이언스

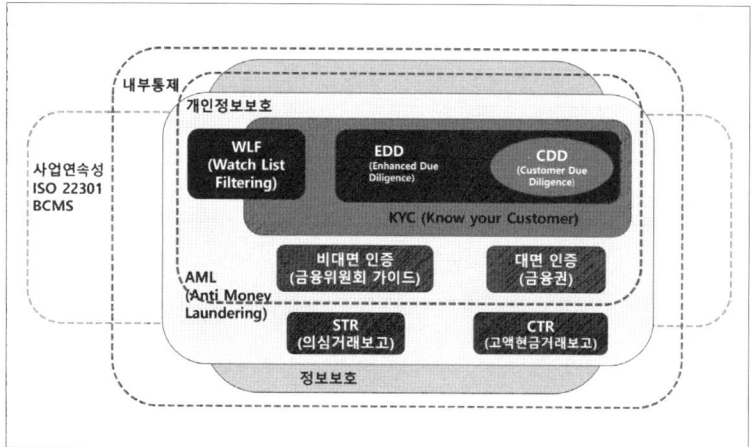

그림 1-5 가상자산 거래소, 핀테크 기업의 컴플라이언스 구성도

컴플라이언스(compliance)는 통상 법규준수, 준법감시, 내부통제 등을 의미하며 컴플라이언스 프로그램(compliance program)이란 사업 추진 과정에서 기업이 자발적으로 관련 법규를 준수하도록 하기 위

한 일련의 시스템이다. 컴플라이언스 프로그램을 기업윤리까지 포괄하는 의미로 이해하는 경우도 있는데 이러한 의미에서 'ethics and compliance program' 이라는 표현을 사용하기도 한다.

한국의 경우 최근 국내외에서 기업의 컴플라이언스 프로그램에 관한 논의가 활발해지고 있는데 초창기의 컴플라이언스의 개념은 자금세탁을 예방하고 적발하기 위한 목적에서 금융 부문에서 발전된 것이었으나 오늘날에는 공정거래, 환경 등 다양한 영역으로 확대되어 사용되고 있다.

미국은 1977년 해외부패방지법(Foreign Corrupt Practices Act, FCPA)을 제정하였고 2000년대에 접어들면서 집행 노력을 대폭 강화하고 있다. 이에 따라 외국공무원에 대한 뇌물공여행위를 예방하지 못한 기업들에 대해 천문학적인 규모의 벌금을 부과하는 등 처벌 사례가 급증하고 있고, 다국적 기업의 조사를 위한 국가 간의 공조노력도 확대되고 있는 추세이다.

현재 양형 기준법에 따라 기업의 컴플라이언스 프로그램 운영 여부가 기업에 대한 양형에 있어 주요 요인으로 평가되고 있으며 주요 법률에서 컴플라이언스 프로그램으로 포섭될 수 있는 내부통제 시스템을 운용하도록 강제하고 있다.

출처: 위키백과

핀테크, 블록체인 기업의 컴플라이언스는 가상자산 거래소가 AML(자금세탁방지) 의무 지키기 위한 「특정 금융거래정보의 보고 및 이용 등에 관한 법률」(이하 특금법)과 개인정보보호를 위한 일반 법인 「개인정보보호법」을 중심으로 이루어진다. 또한, 대부분의 가상자산 거래소는 온라인 상에서 거래하기 때문에 「정보통신망 이용촉진 및 정보보호 등에 관한 법률」(이하 정통망법)과 그 외 금융업이 속하는 분야인 외환, 대출, 신용평가 등 다양한 법과 관계가 있다. 핀테크(FINTECH)라는 단어에 들어있는 금융(FIN)과의 연관성으로 인해 자금세탁방지는 핀테크(FINTECH)와 상호 연관이 많은 분야이다.

그림 1-5의 컴플라이언스 구성도의 가장 바깥을 이루고 있는 ISO 22301 BCMS 사업 연속성 경영시스템은 해외 대부분의 금융기관에서는 반드시 구축하고 있는 기준이지만, 국내에서는 금융위원회의 '영업연속성 계획'에 수립되어 있는 정도이고, 그 외 대부분의 산업단계에서는 아직 걸음마의 단계이다.

컴플라이언스는 법규준수, 준법감시, 내부통제 등의 의미로 쓰이고 있으며 쉽게 말해서 법에서 정하고 있는 부분을 준수해야 한다는 것이다. 필자는 공공기관의 PIA(개인정보영향평가)를 수행하였고, ISMS-P 인증심사원이기도 하다. 이 책에서는 주로 컴플라이언스 중에 특금법의 AML(자금세탁방지)의 실무에 대해서 주로 다루고 있다. 그리고 특금법의 영역에서는 가상자산(암호화폐) 거래소의 등록요건에 ISMS(정보보호관리체계)가 추가되어 있어 ISMS 내용에 대해서 설명하고 있다.

4.
ISMS(정보보호관리체계)

정보보호 및 개인정보보호 관리체계에 대한 인증 제도는 '정보보호 관리체계(ISMS)'와 '개인정보보호 관리체계(PIMS)' 인증으로 나뉘어 운영되었다. 2018년 11월, 제도 간 연계 강화 및 중복 운영에 따른 기업 부담 해소를 위해 '정보보호 및 개인정보보호 관리체계 인증 등에 관한 고시'가 시행(2018. 11. 7.)되면서 ISMS-P로 통합되었다. 2019년 8월 기준 총 548건의 인증서가 유지되고 있다.

정보통신망법 제47조 2항에 따르면 가상자산 거래소 중 전년도 매출액 100억 원 이상, 전년도 직전 3개월간 일일 평균 방문자 100만 명

구분	발급 건수	유지 건수
ISMS인증 회사	851건	540건
ISMS-P인증 회사	8건	8건
총건수	859건	548건

표 1-1 ISMS 전체 인증 건수 | 출처: KISA

이상인 거래소는 의무적으로 ISMS 인증받아야 하는 대상이다.

인증 의무대상자 확인 및 책임은 기업(기관)에 있으며, 가상자산(암호화폐) 거래소도 스스로 의무대상 여부를 판단하여 인증을 받아야 한다.

구분	의무대상자 기준
ISP	「전기통신사업법」 제6조제1항에 따른 허가를 받은 자로서 서울특별시 및 모든 광역시에서 정보통신망서비스를 제공하는 자
IDC	정보통신망법 제46조에 따른 집적정보통신시설 사업자
다음의 조건 중 하나라도 해당하는 자	연간 매출액 또는 세입이 1,500억 원 이상인 자 중에서 다음에 해당되는 경우 - 「의료법」 제3조의4에 따른 상급종합병원 - 직전연도 12월 31일 기준으로 재학생 수가 1만 명 이상인 「고등교육법」 제2조에 따른 학교
	정보통신서비스 부문 전년도(법인인 경우에는 전 사업연도를 말한다) 매출액이 100억 원 이상인 자
	전년도 직전 3개월간 정보통신서비스 일일 평균 이용자 수가 100만 명 이상인 자

표 1-2 ISMS 인증 의무 대상자

2019년 7월에는 ISMS-P 인증심사원 자격 검정 시험을 시행하였다. 1,500명이 지원하였고, ISMS 의무화 범위가 강화되면서 인증심사원이 되고자 하는 사람은 점차 늘어나는 추세다. 가상자산 거래소뿐만 아니라 의무 대상 외 회사에서도 신청이 늘어나고 있다.

ISMS 인증심사는 최초 신청 단계에서 신청공문 + 인증신청서, 관리체계운영명세서, 법인/개인 사업자 등록증을 제출하고, 이를 KISA에서 확인한 후에는 기업 규모에 따라 수수료 산정과 KISA와 계약을 체결하게 된다. 실제 인증심사에서는 보통 5~10일간의 기간에 걸쳐 인증기준에 따라 심사를 수행한다. 결함이 발생하면 결함보고서를 작성하고, 결함에 대한 보완·조치 완료 후 보완조치내역서를 제출한다. 인증기관에서 이를 확인 후, 인증위원회에서 인증서 발급을 의결하면 모든 절차가 완료된다.

인증 의무 대상인 가상자산 거래소 코인원, 빗썸, 업비트, 코빗은

구분	통합인증	분야(인증기준 개수)	
ISMS-P	ISMS	1. 관리체계 수립 및 운영 (16)	1.1 관리체계 기반 마련(6) 1.2 위험관리(4) 1.3 관리체계 운영(3) 1.4 관리체계 점검 및 개선(3)
		2. 보호대책 요구사항 (64)	2.1 정책, 조직, 자산 관리(3) 2.2 인적보안(6) 2.3 외부자 보안(4) 2.4 물리보안(7) 2.5 인증 및 권한 관리(6) 2.6 접근통제(7) 2.7 암호화 적용(2) 2.8 정보시스템 도입 및 개발보안(6) 2.9 시스템 및 서비스 운영관리(7) 2.10 시스템 및 서비스 보안관리(9) 2.11 사고 예방 및 대응(5) 2.12 재해복구(2)
	-	3. 개인정보 처리 단계별 요구사항 (22)	3.1 개인정보 수집 시 보호조치(7) 3.2 개인정보 보유 및 이용 시 보호조치(5) 3.3 개인정보 제공 시 보호조치(3) 3.4 개인정보 파기 시 보호조치(4) 3.5 정보주체 권리보호(3)

표 1-3 ISMS 인증기준

ISMS 인증을 받았고, 의무 대상이 아닌 업체 중 인증을 받은 것은 고팍스에 이어 한빗코가 두 번째로 받았고, 토스로 유명한 비바퍼블리카와 카카오페이, 마켓컬리도 ISMS 인증을 이미 받았다.

인증번호	업체명	인증범위	유효기간
ISMS-18-100	㈜코인원	암호화폐 거래소 운영 (코인원)	~2021.12
ISMS-18-009	주식회사 비티시코리아 닷컴	암호화폐 거래소 (빗썸)운영	~2021.12
ISMS-18-090	주식회사 코빗	암호화폐 거래소 운영(코빗) (심사받지 않은 물리적 인프라 제외)	~2021.12
ISMS-19-087	두나무 주식회사	암호화폐 거래소 운영 (업비트)	~2021.11
ISMS-18-080	㈜스트리미	암호화폐 거래소 운영 (GOPAX)	~2021.10
ISMS-19-046	플루토스디에스 주식회사	암호화폐 거래소 서비스 (한빗코) 운영 (원화거래 제외, 심사받지 않은 물리적 인프라 제외)	~2022.05
ISMS-18-089	비바퍼블리카	금융서비스운영(Toss)	~2021.11
ISMS-19-030	주식회사 카카오페이	카카오페이 서비스 운영	~2022.03
ISMS-19-017	주식회사 컬리	마켓컬리 쇼핑몰 서비스 개발·운영	~2022.03

표 1-4 가상자산 거래소, 핀테크 회사 외 ISMS인증 현황

온라인으로 운영되는 블록체인 기반 가상자산 거래소와 핀테크 서비스의 정보보호에 대한 중요성은 따로 언급하지 않아도 누구나 알기에, ISMS 인증은 계속 증가할 것으로 보인다.

5.
특금법 개정안

2019년 7월 국회에는 12건의 특금법 개정안이 올라와 있었다. 2019년 7월 22일에 전해철 의원이 지방세 포탈 혐의 확인, 지방세 범칙사건 조사, 지방세 체납자에 대한 징수업무에 활용할 수 있고, 행정안전부 장관에게도 금융정보분석원의 특정 금융 거래정보를 제공할 수 있도록 관련 법령을 개정하여 지방세 업무추진의 실효성을 높이려는 안건을 추가하여 총 13건의 의원입법안이 있다.

2019년 3월 김병욱 의원이 대표 발의한 특금법 개정안에 따르면 가상자산 거래소가 영업하기 위해서는 FIU에 신고해야 하는데, 실명확인이 가능한 입출금 계정 서비스(실명확인 계좌)를 이용하지 않는 거래소는 FIU에서 신고를 수리하지 않을 수 있다고 명시하고 있다. 또한, 해당 개정안은 금융정보분석원장이 예외적으로 신고를 수리할 수 있다고 밝히고 있다. 하지만 예외 사항이 무엇인지에 대해서는 구체적으로 명시되어 있지 않다.

따라서 실명확인 계좌를 사용하지 못하고 있는 대다수의 가상자산 거래소들은 영업 신고를 해도 허가를 받기 어려울 수 있다. 또한, 정보보호 관리체계 인증을 획득을 못한 자도 FIU에 신고를 하지 못한다고 규정하고 있다.

2019년 6월 기준 100여개 국내 가상자산 거래소 중 ISMS인증을 받은 곳은 빗썸, 코인원, 코빗, 업비트, 고팍스, 한빗코 6곳 뿐이다. 김병욱의원의 특금법 개정안이 통과된다면 나머지 거래소 대부분은 영업이 불가능하게 되는 것이다.

김병욱의원의 특금법 개정안의 주요 내용은 다음과 같다.

가. 가상자산을 정의하고, 가상자산과 관련한 거래를 영업으로 하는 자를 가상 자산 취급업소로 정의함.

나. 금융 회사 등은 가상자산 취급업소와 금융거래를 할 때 가상자산 취급업소의 신고의무 이행 여부 등을 추가적으로 확인하도록 하고, 가상자산 취급업소가 신고의무를 미이행한 것이 확인되는 등의 경우에는 금융거래를 거절하도록 함.

다. 가상자산 취급업소의 경우 금융정보분석원의 장에게 상호 및 대표자의 성명 등을 신고하도록 하고, 미신고 영업 시 처벌 규정을 신설함.

라. 가상자산 취급업소가 불법재산 등으로 의심되는 거래의 보고 및 고액 현금거래 보고 등의 이행을 위하여 고객별 거래내역을 분리하고 관리하도록 하는 등의 조치해야 할 사항을 규정함.

이렇듯 가상자산 거래소에서 법률은 민감하게 받아들여야 하는 부분이다. 이 책은 법률에 대한 내용도 다루겠지만 블록체인 기업, 핀테크 기업에서 일하는 자금세탁 실무자이거나 관심을 가진 사람들의 이해를 돕기 위해 저술된 만큼, 자금세탁방지 실무 위주로 설명해 나갈 것이다.

2019년 6월 12일 김수민 의원도 특금법 개정안을 내놓았는데 주요 내용은 다음과 같다.

> 개정안의 주요내용을 보면, ▲ '가상화폐'의 경우에도 현행법 적용대상인 '금융 회사 등'에 포함하고 ▲ 가상화폐 취급업자가 가상화폐의 보관·관리·교환·매매·알선 또는 중개 업무를 위하여 가상화폐를 금융자산과 교환하는 것을 의무부과 대상거래로 규정했다.
>
> 또한, ▲ 가상화폐 취급업자가 고객이 신고의무를 이행하지 아니한 사실을 확인하면 거래를 즉시 거절하도록 규정했으며 ▲ 가상화폐 취급업자로 하여금 고객 확인과 관련해 예탁·거래금을 가상화폐 취급업자의 고유재산과 구분하여 관리하도록 하는 등의 조치 의무도 함께 규정했다.
>
> ▲ 아울러 가상화폐 취급업자가 상호 및 대표자의 성명 등을 금융정보분석원장에게 신고 또는 변경신고 하도록 하고, 금융정보분석원장이 신고된 가상화폐 취급업자의 정보를 공개할 수 있도록 함으로써 금융거래를 투명하게 하기 위한 제도적 장치를 마련했다.

여기에 더해 가상화폐 취급업자가 자금세탁행위와 공중 협박자금조달 행위를 효율적으로 방지하기 위한 조치를 하지 아니한 경우 1억 원 이하의 과태료, 금융정보분석원장에게 신고하지 아니한 경우에는 3천만 원 이하의 과태료 부과하도록 했다.

해당 국회의원들이 개진한 법률의 상세 내용이 궁금하다면 다음의 홈페이지에 들어가면 직접 검색해서 볼 수 있다.

그림 1-6 의원입법안 홈페이지 http://likms.assembly.go.kr

6.
FATF의 암호화폐 규제 권고안

 금융위원회는 국제자금세탁방지기구(FATF)의 암호화폐 규제 권고안(가상자산 관련 국제기준 및 공개 성명서)을 수용하겠다는 입장을 밝혔다. 국회 정무위원회에 계류 중인 「특정 금융거래정보의 보고 및 이용 등에 관한 법률」(이하 특금법) 개정안 3개 법안 처리를 비롯해 기존 「가상통화 관련 자금세탁방지 가이드라인」 등 하위법령 개정 과정에서 FATF 권고안을 반영하겠다는 것이다.
 이에 따라 국내에서도 가상자산 거래소 진입과 운용에 대한 규정이 정비될 것으로 예상되는 가운데 업비트, 빗썸, 코인원, 코빗, 고팍스 등 주요 거래소들은 고객확인(실명인증·KYC)과 자금세탁방지(AML) 규정 등 기존 체계 정비 및 인력 보강을 완벽히 하고 있다.
 현재 FATF는 내년 6월 총회에서 각국 감독 당국의 이행 상황을 점검할 예정이며, 금융당국은 향후 1년 안에 FATF 주석대로 규제를 시행해야 한다. 문제는 FATF의 권고 기준 및 주석서의 주요 내용을 반영한 법안(특금법)이 1년 4개월째 국회 문턱에 보류 중이라는 것이다.

> **【주요결과 ❶】 가상자산 관련 국제기준 및 공개성명서 채택**
>
> ※ FATF는 가상자산(Virtual Assets), 가상자산 취급업소(Virtual Assets Service Provider)라는 용어 사용
>
> ◆ '19.6월 총회에서는 가상자산 관련 ❶주석서(구속력有) 및 ❷지침서(구속력無)를 **확정**하고, ❸**공개성명서를 채택**
>
> ○ 이는, 가상자산 관련 FATF 권고기준(Recommendation.15)을 채택한 '**18.10월 FATF총회 결정**'의 후속조치에 해당
>
> * 정의규정 마련, 자금세탁방지/테러자금조달금지 관련 의무 부과 등

1 가상자산 관련 **주석서***(Interpretive Note to R.15) 확정

* 권고기준(Recommendation)과 함께 각국이 지켜야 할 **구속력 있는**(Binding) **국제기준**

○ 금번 총회에서는 **가상자산 취급업소가 준수해야 할 의무 등 구체적 사항을 규정**한 '가상자산 관련 주석서'를 최종 확정

⇒ 이미 FATF의 권고기준 및 주석서의 주요내용을 반영한 **특정금융정보법 개정안**이 현재 국회 계류 중

> **[참고] 가상자산 관련 주석서의 주요 내용**
>
> ① [**인·허가**(license) **또는 신고·등록**(register)] 가상자산 취급업소는 감독당국에게 허가를 받거나 신고, 등록을 하여야 함(자율규제기관에 의한 허가 등은 불인정)
>
> → 범죄(경력)자의 가상자산 업(業) 진입을 차단하고, **미신고영업은 제재**(sanction)
>
> ② [**자금세탁방지 관련 규제·감독**(Regulation and supervision)] 감독당국에 의해 감독되어야 하고, 감독당국은 **효과적인 감독수단***을 보유해야 함
>
> * 감독당국은 가상자산 취급업소의 **의무위반시 허가신고를 취소·제한중지시킬 수 있는 권한**, **효과적·비례적·억제적 제재**(effective, proportionate and dissuasive sanctions) 부과권한 보유
>
> ③ [**예방조치**(preventive measures) **이행의무**] 가상자산 취급업소에게 금융회사에 준하는 **자금세탁방지의무***를 부과
>
> * 고객확인의무(Customer Due Diligence), 의심거래보고(Suspicious Transaction Report) 등
>
> - 기존 금융회사와 동일하게, **가상자산 송금**도 송금·수취기관 모두 송금인·수취인 **관련 정보를 수집·보유**하고 필요시 **당국에 정보를 제공**

- 2 -

그림 1-7 금융위원회 FATF 가상자산 보도 자료

Chapter 2.
자금세탁방지 실무

Anti Money Laundering

자금세탁이란 단체, 개인의 비자금이나 탈세 등 범죄행위를 통해 얻은 수입을 불법적으로 조작해 자금출처를 은폐함으로써 추적을 어렵게 하는 행위를 말한다.

돈세탁 방법에는 여러 가지가 있는데, 거액의 돈을 한 은행에서 인출하면서 천만 원으로 쪼개서 예치하고, 예치된 돈을 다시 쪼개서 분산하는 등 계속 작은 단위로 나눈 뒤 마지막에 현금으로 인출하는 방법이 대표적이다. 이 경우 은행 계좌는 거의 가명이며, 최종 단계에서도 가명으로 현금 인출되고 나면 사실상 계좌 추적은 어렵게 된다.

금융위원회 산하의 금융정보분석원(KOFIU)는 자금세탁을 방지하기 위해 제도를 마련해서 운용하고 있다.

- KYC(know your customer) : 가명으로 쓰이는 것을 방지하기 위한 프로세스로 고객 알기 제도(KYC)로 이해하면 된다.
- STR(suspicious transaction report) : 은행이나 금융기관에서 의심스러운 거래에 대한 보고 제도를 말하며, 의심거래보고제도(STR)로 이해하면 된다.
- CTR(Currency Transaction Report) : 천만 원 이상을 출금하면 신고하는 제도로 고액 현금거래보고제도(CTR)로 이해하면 된다.

이 책은 법률에 대한 해석이 아닌 실제 업무를 수행하면서 나오는 개념에 대한 업무 설명 책이라는 것을 다시 한번 말한다. 또한, 이 책의 내용은 인쇄물이라는 한계로 최신 정보와 다소 달라질 수도 있음을 이해 바란다.

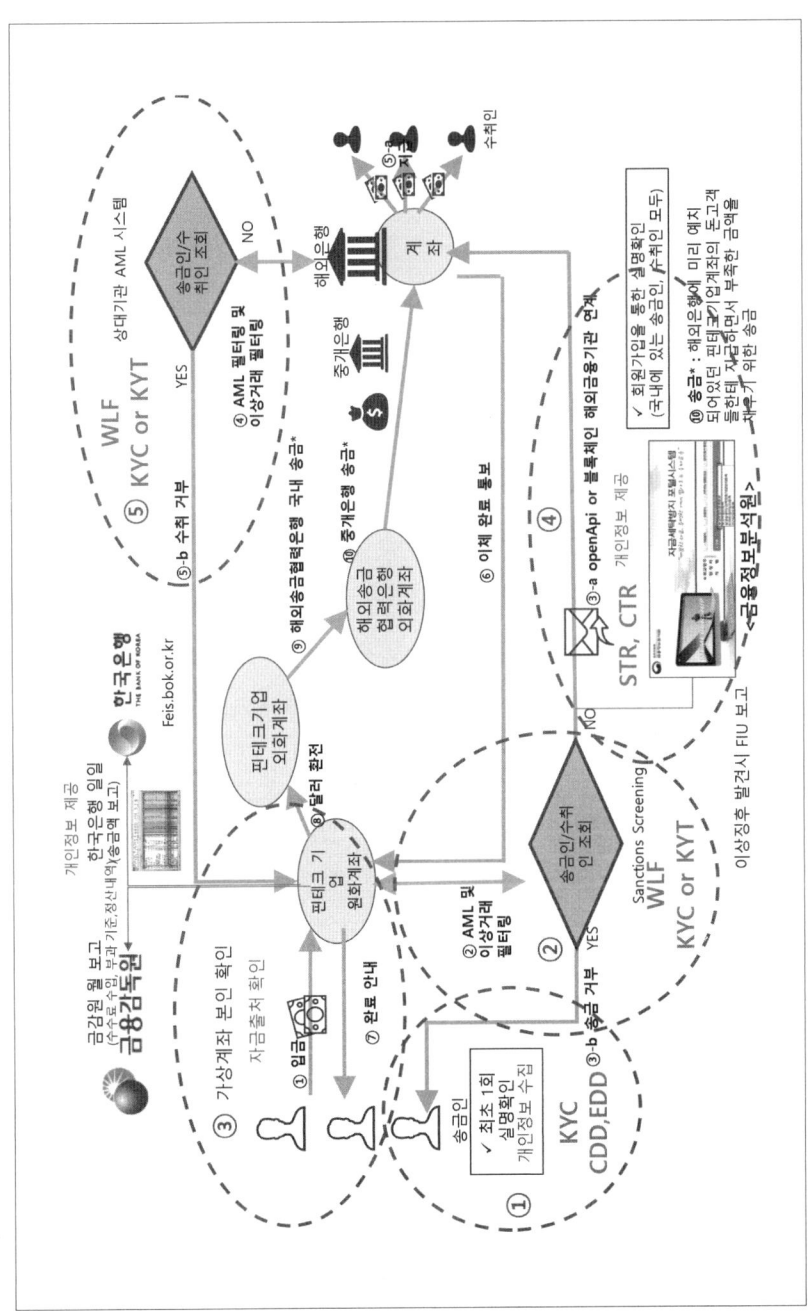

그림 2-1 핀테크 자금세탁방지 업무 흐름 (그림 1-2 동일)

Chapter 2. 자금세탁방지 실무

1. 금융정보분석원

자금세탁방지에서 가장 먼저 수행되는 것은 고객에 대한 확인이다. 고객의 수신, 송신인의 이름을 식별 할 수 있는 경우에는 KYC(know your customer)를 수행하게 되고, 이름의 식별이 불가능한 블록체인의 경우에는 KYT(know your transaction)를 실행하게 된다.

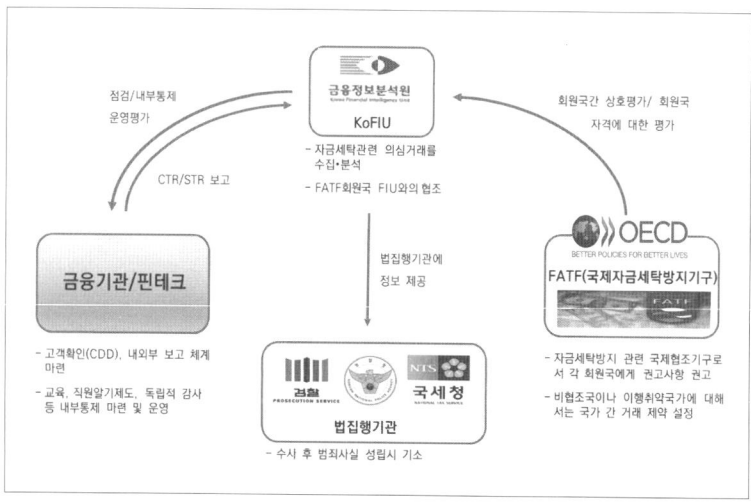

그림 2-2 자금세탁방지 및 테러자금조달금지 제도 업무체계

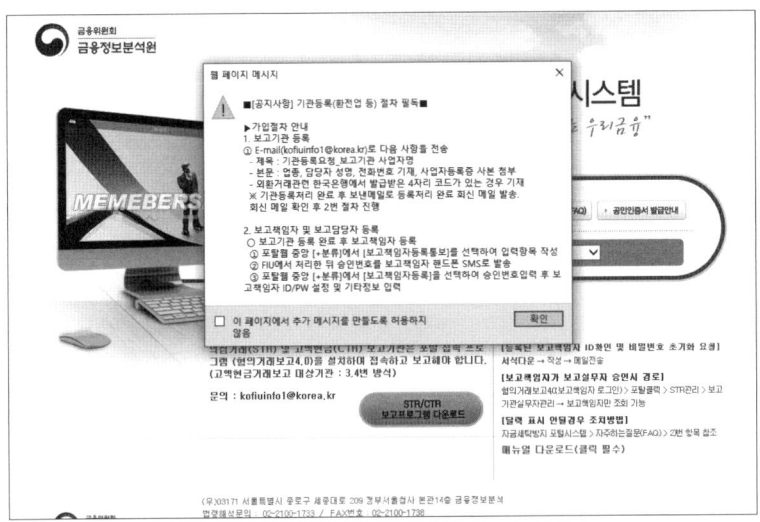

그림 2-3 금융정보분석원 기관등록 페이지

일반인 한 명이 여러 명에게 송금을 하거나, 여러 명이 한 명에게 송금하는 경우 등 일반적이지 않은 패턴의 송금이면 STR(이상거래)로 금융정보분석원에 신고해야 한다.

금융정보분석원(Korea Financial Intelligence Unit, 약칭: KoFIU)은 「특정 금융거래정보의 보고 및 이용 등에 관한 법률」 및 「공중 등 협박목적을 위한 자금조달행위의 금지에 관한 법률」에 따른 업무를 수행하는 대한민국 금융위원회의 소속기관이다.

은행이나 핀테크 기업에서 금융정보분석원에 의심거래를 신고하면, 금융정보분석원은 다시 관계 행정기관, 외국 FIU, 법집행기관과 연계하여 특정금융거래 정보를 제공하고, 거래의 유형에 따라 기소, 처벌, 몰수 등을 하게 된다.

금융정보분석원의 포털 페이지에 접속하면 보고 책임자 등의 등록

절차에 대해서 안내를 하고 있다.

금융정보분석원 포털 페이지는 보고책임자, 보고실무자, STR 지점책임자, 전산담당자 등을 등록할 수 있고, 담당별 업무는 아래 표로 정리되어 있다.

보고업무 담당자유형	해당기관	개별업무	가입승인자
보고책임자	보고기관	- STR/CTR 보고실무자, STR 보고실무자, CTR 보고실무자, STR 지점책임자, 전산담당자 등의 보고업무담당자 가입 승인 및 수정 - STR/CTR 보고실무자 등의 보고업무담당자유형 직접변경 또는 승인 (STR → STR/CTR, STR → CTR 등) - CTR 보고 / CTR보고현황조회 - CTR 연계모듈상태조회 (보고방식1,2) - CTR 문서추적 조회 (보고방식1,2) - STR 보고 / STR 보고현황조회	FIU관리자
STR/CTR 보고실무자	보고기관	- CTR 보고 / CTR 보고현황조회 - STR 보고 / STR 보고현황조회	보고책임자
STR 보고실무자	보고기관	- STR 보고 / STR 보고현황조회	
CTR 보고실무자	보고기관	- CTR 보고 / CTR 보고현황조회	
STR 지점책임자	보고기관	- STR 본점 보고	
전산담당자	CTR연계모듈 설치기관	- CTR 보고 / CTR보고현황조회 - CTR 연계모듈상태조회 (보고방식1,2) - CTR 문서추적 조회 (보고방식1,2)	보고책임자 또는 FIU관리자
협회담당자	금융기관 협회		FIU관리

표 2-1 보고업무 담당자 유형 | 출처: 금융정보분석원

STR/CRT 보고 프로그램은 별도의 프로그램을 다운로드 받아서 실행하면 된다. CTR/STR 보고업무를 위해서는 공인인증서도 필요하다.

2.
AML(자금세탁방지제도)

1) 일반적으로 "범죄 행위로부터 얻은 불법자산을 합법적인 자산인 것처럼 위장하는 과정"을 의미하나, 각국의 정치 사회적인 환경, 연구목적, 법령 등에 따라 달리 정의함

   ※ FATF의 정의 : 자금세탁행위를 범죄 수익의 불법 원천을 가장하기 위한 과정

2) 우리나라의 경우 자금세탁 및 공중협박 자금조달 행위를 아래와 같이 규정하고 있음

   ① 자금세탁행위 : 불법재산의 취득 및 처분 또는 발생 원인에 대한 사실을 가장하거나 그 재산을 은닉하는 행위 및 탈세목적으로 재산의 취득, 처분 또는 발생 원인에 대한 사실을 가장하거나 그 재산을 은닉하는 행위

   ② 공중협박 자금조달 행위 : 공중협박 자금에 이용된다는 점을 알면서 자금 또는 재산을 모집, 제공하거나 이를 운반, 보관하는 행

> 위와 자금 또는 재산의 모집, 제공, 운반, 보관을 강요하거나 권
> 유하는 행위
>
> 출처: 금융정보분석원 국내 자금세탁방지제도의 이해

 자금세탁방지의 배경은 대내적으로 외환 자유화 조치에 따라 파생될 수 있는 불법자금의 유출입을 방지하고, 금융거래를 이용한 불법자금의 세탁 행위를 차단하는 것이다. 대외적으로는 UN, OECD, FATF(국제자금세탁방지기구) 등 국제기구의 자금세탁방지제도 강화하는 추세이고, 우리나라도 동참하여 국내 금융기관의 대외 신임도 제고에 기여하고자 한다. 이에 정부는 2019년도 7월 기존의 은행, 증권, 새마을금고, 소액 해외송금업자 외에도 전자금융업자, 대출업자에게 자금세탁방지에 대한 의무를 부과하여 시행하고 있다.

나. 전자금융업자 및 대부업자에 대한 자금세탁방지의무 부과

☐ **(개정사항)** 그 간 他 금융회사와 달리 자금세탁방지의무가 부과되지 않고 있었던 **전자금융업자** 및 **대부업자**에 대해 의무를 부과
  * 대부업자의 경우 자금세탁위험성이 높은 **자산규모 500억원 이상**의 업자에 한정하여 부과

  ○ 다만, **전자금융업자**의 경우 **고객에 대한 확인** 과정 (자금세탁방지 의무 중 하나)에서 개인 고객의 **주민등록번호** 확인에 **실무상 어려움**이 발생할 수 있음에 따라,
    * 전자금융업자의 경우 그 간 정보통신망법 등에 따라 주민번호 대신 대체정보를 통해 신원을 확인해 옴

  - **개정 시행령**은 **자금세탁 위험성이 높지 않은 개인 고객**에 대해서 주민등록번호 대신 **대체정보**를 확인할 수 있도록 규정
    * 대체정보의 종류는 고시로 정하도록 위임

☐ **(고시개정 주요 내용)** 시행령 위임에 따라 **전자금융업자가 개인 고객**에 대해서 확인할 수 있는 **대체정보의 종류**를 정함

  ○ 대체정보는 성명, 생년월일, 성별 및 계좌번호 등임

그림 2-4 전자금융업자 자금세탁방지의무 부과 보도자료

'자금세탁방지 및 공중협박 자금조달 금지에 관한 업무 규정'(이하 업무 규정)과 '금융실명거래 및 비밀보장에 관한 법률'을 준수하는 것이 자금세탁방지의 기본이다. 필자는 업무 규정을 실무와 연결하여 설명하도록 하겠다.

자금세탁 업무 규정	자금세탁방지 실무
제1조 목적	필요 사항 규정
제2조 정의	금융회사 등의 정의
제3조 적용대상	외환거래, 전자금융거래, 선불카드 등
제2장 내부통제 구축	내부통제, KYE(직원 알기)
제3장 고객 확인	WLF(요주의 리스트 필터링), CDD(고객 확인), KYC(고객 알기), KYT(거래 알기)
제4장 고위험군에 대한 강화된 고객 확인	EDD (강화된 고객 확인), KYC(고객 알기), KYT(거래 알기)
제5장 위험기반 거래모니터링 체계	RBA(위험기반접근법)
제6장 보고체제 수립	STR(의심거래보고), CTR(고액거래보고)
제7장 자료보존	거래기록 보존

표 2-2 업무 규정 분석표

표 2-2의 업무 규정 분석표는 자금세탁방지 업무 규정의 법의 구절이 실무와 어떻게 연결되어 있는지 개략적으로 정리한 내용이다. 항상 실무에서 판단이 되지 않을 때는 업무 규정을 살펴보고 업무를 수행하는 것이 바람직하다.

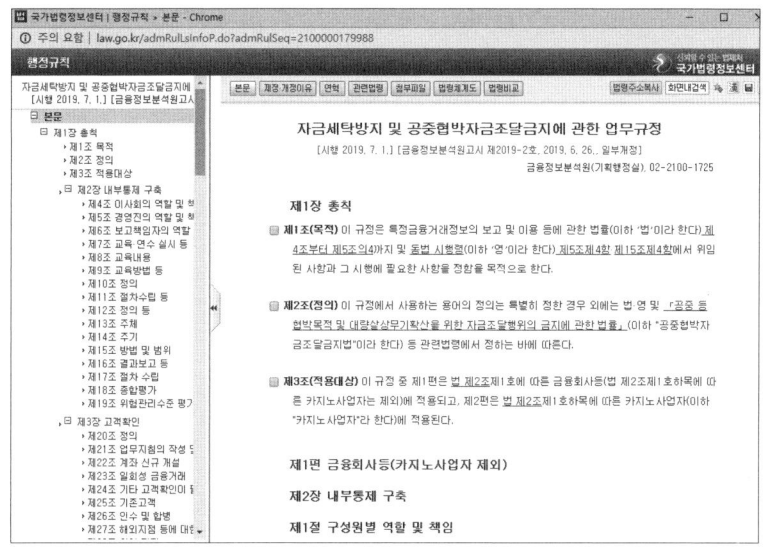

그림 2-5 법제처 자금세탁방지 및 공중협박 자금 조달금지에 관한 업무 규정

그렇다면 어떻게 법령을 찾아 볼 것인가?

법제처(www.law.go.kr)에 들어가서 '특정금융거래'로 검색하여 〈법령비교표〉를 클릭하여 최종 업무 규정을 찾으면 된다. 실제 업무와 법률 규정을 비교해보기 위해서 법제처에 자주 들어가서 법률 용어와 법령에 익숙해지는 것이 필요하다.

	KYC	비대면 실명인증	CDD, EDD
누가	FATF	금융위원회	FATF, 금융위원회
구분	개념	제도	제도
목적	자금 세탁 방지 규정 (Anti-Money Laundering)을 준수하기 위해 사용	비대면으로 고객의 금융거래를 할 수 있도록 하는 방법	자금세탁행위 등의 우려가 있는 경우 실제 당사자 여부 및 금융거래 목적을 확인하는 제도
수집	고객의 자금세탁방지를 위해 정보를 수집	신분증, 화상통화, 계좌 인증, 접근매체	구체적 정의, 주소, 실명번호, 이름, 송금목적, 자금의 원천 등 수집

표 2-3 고객 알기 제도 비교

표 2-3의 고객 알기 제도 3가지는 비슷한 듯하지만, 개념이 조금씩 다른 제도이다. 처음에 가장 이해하기 어려웠던 항목이다.

비대면 실명인증은 자금세탁방지를 위한 것이기보다는 은행, 증권, 핀테크 회사에서 고객이 창구를 찾아오지 않고도 계좌 개설, 해외송금 등록이 가능하도록 온라인에서 실명인증을 해주는 행위를 말한다. 넓은 의미에서는 자금세탁방지를 위한 행위라고 봐야 할 것이다. 다시 말해 은행이나 금융기관에 방문해서 처리하는 업무를 온라인에서 거래하려는 사람의 실명 여부를 확인해주는 방법이다. 이와 달리 KYC, CDD, EDD는 자금세탁방지와 직접적으로 연관이 있다.

3.
KYC(고객 알기)

KYC(know your customer)는 고객 알기로 CDD(customer due dillegence) 고객 확인 의무와는 비슷하지만 다른 용어이다.

KYC(know your customer)는 말 그대로 고객에 대해서 알아야 한다는 뜻으로 고객의 신원을 확인하는 업무 프로세스를 생각하면 된다. 주로 비즈니스 관계에서 불법적 의도와 잠재적 위험을 평가하는 프로세스로 은행 규제 및 자금세탁방지 규정(Anti-Money Laundering)을 준수하기 위해 사용된다.

고객 신원 확인 프로그램은 회사가 합법적으로 사업체를 운영해 비즈니스를 운영할 수 있게 해준다. 금융 범죄로 피해를 볼 수 있는 개인을 보호할 수 있도록 하는 제도이다.

바이낸스에서는 회원 가입은 이메일로 가입을 하고 난 뒤에 신원 확인(identify verification)을 하게 되어 있다. 1단계에서 먼저 이름, 성, 주소, 국가, 지역을 입력하도록 되어 있다. 여기서 주목할 것은 주소를 입력하게 되어있는 점이다.

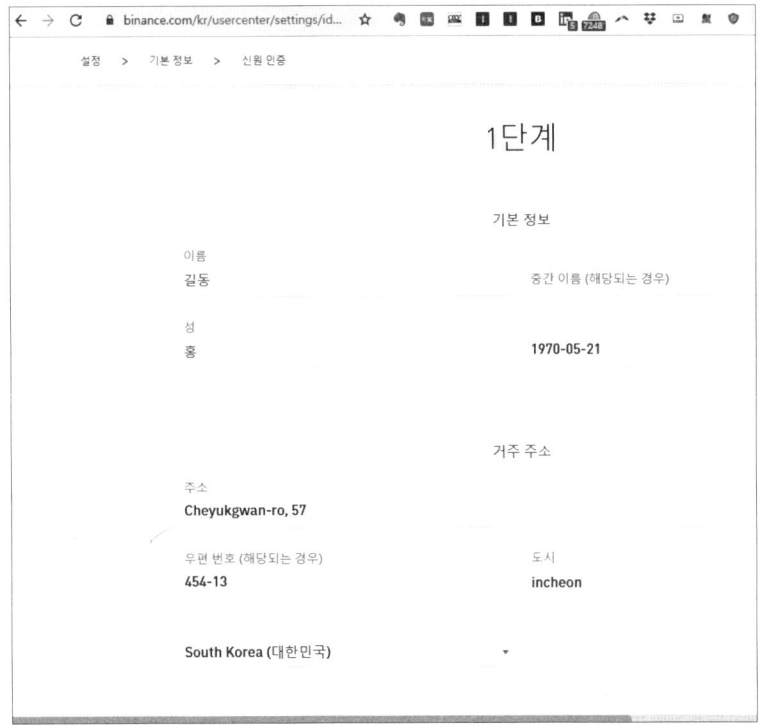

그림 2-6 바이낸스의 KYC

　사실 주소는 바이낸스가 검증할 수 없는 영역이지만, FATF에서는 다음에 다룰 CDD(고객알기제도)에서는 회원 가입 시 주소를 입력하도록 권고하고 있다. 바이낸스도 FATF의 권고를 준수하고 있다.

　회원 가입의 마지막은 국가와 여권 번호를 입력하고 가입 당사자가 여권을 들고 있는 자신의 사진을 찍은 다음 사진과 함께 메모장에 'BINANCE' '오늘 날짜(2019.XX.XX)' 이렇게 적어서 사진을 해당 카테고리에 올리는 것이다. 이렇게 하면 심사 후 회원 등록이 완료된다. 이처럼 고객을 알아가는 과정이 바이낸스의 KYC로 보아야 할 것이다.

국내외 거래소의 개인정보 수집하는 정보를 살펴보면 이메일은 반드시 수집하고 있고, 주소는 필요에 따라서 수집을 하고 있다.

	바이낸스	코인원	업비트	코빗
이메일	수집	수집	수집	수집
휴대폰 인증	수행	수행	수행	수행
국가정보	수집	-	-	-
주소	수집	수집	수집	-

표 2-4 개인정보 수집 항목

KYC는 고객에 대해서 알아야 한다는 의미이고, 실제로 고객을 알기 위해서 운용하는 제도를 CDD, EDD라고 할 수 있다.

하지만 실무에서는 KYC와 CDD는 혼용되어 쓰고 있다. 해외의 가상자산 거래소에서는 KYC에서 모든 것을 규정하고 있으며, 국내 금융권에서는 CDD, EDD로 구분하고 이를 KYC 전체로 보기도 한다.

전통적인 금융기관에서는 CDD, EDD를 구분해서 수행하는 것이고, 정보를 수집하는 그 과정이 KYC로 보고 있다. 거래소에서는 대부분 과정 자체를 KYC로 보고 고객의 정보를 수집하고 있다.

KYC는 고객을 알아야 한다는 전체적인 개념이다. CDD는 고객의 기본 정보인 주소, 이름, 실명 번호를 수집해야 한다는 의미이고, EDD는 CDD에 더해서 고객의 자금원천, 목적까지 알아야 한다는 것이다.

4.
KYE(직원 알기)

KYE(Know your employee) 직원 알기란 금융 회사가 자금 세탁, 범죄 행위 등에 자신의 임직원이 이용되지 않도록 하기 위해 임직원 채용(재직 중 포함)시 직원의 신원을 확인하는 제도를 말한다.

'특정 금융거래정보의 보고 및 이용 등에 관한 법률'에서는 모든 금융 회사가 자금세탁방지관련 법규를 준수하여야 하며, 자금 세탁, 테러리스트 자금 조달, 기타 범죄 행위 및 의심스러운 거래에 대하여 관계 법령에 따라 이를 미연에 방지하고 포착하여 감독기관에 보고할 수 있도록 적극적인 조치를 취하도록 정하고 있다. 또한, 고객 알기 제도(CDD)와 함께 자금세탁방지 업무에 종사하는 금융회사의 모든 직원들에 대해서도 신원확인 절차(직원알기제도 KYE)를 마련하여 운영해야 한다고 명시되어 있다.

신규 직원 채용 시 개인 고객에 준하여 신원확인 및 검증 절차 수행, watch list 필터링, 범죄사실, 신용정보 등의 확인 및 채용 후 신용상태, 평판, e-mail check 등을 통해 임직원의 연관에 의한 자금세탁 가능성을 사전 차단하는 것이 목적이다.

신청방법	방문	처리기간	즉시(근무시간 내 3시간)
수수료	없음	신청서	범죄경력(수사경력)조회 신청서(지문 및 수사자료표 등에 관한 규칙 : 별지서식 5호) 성범죄 경력 조회 신청서(아동·청소년의 성보호에 관한 법률 시행규칙 : 별지서식 9호) 범죄경력 조회 요청서(아동복지법 시행규칙 : 별지서식 8호) 범죄경력 조회 신청서(결혼중개업의 관리에 관한 법률 시행규칙 : 별지서식 8호의 2) 범죄경력 조회 신청서(입양특례법 시행규칙 : 별지서식 2호) 성범죄경력 조회 요청서(장애인복지법 시행규칙 : 별지서식 24호의 2)
구비서류	있음 (하단참조)	신청자 자격	본인 또는 대리인(온라인은 대리인 신청 불가)

- 이 민원은 본인의 범죄경력 및 수사경력의 내용을 확인하기 위해 본인이 신청하는 경우 또는 각종 개별법령에 따라 본인 또는 동의서를 받은 타인의 범죄경력조회를 신청하는 경우에 관할 경찰서에 범죄경력조회를 신청하는 민원사무입니다.

그림 2-7 범죄경력조회 신청 | 출처: 경찰청

특금법에서 직원에게 '범죄경력조회서'를 요청하는 내용은 없으나, 금융회사에서 취업할 때 인사부 채용절차의 일환으로 이루어지는 경우가 많다. 금융회사 임직원이 자금세탁행위에 연루될 경우 그 행위를 예방하거나 적발할 가능성이 더욱 희박하게 되어 자금세탁행위의 위험성이 매우 높아진다. 이러한 위험성을 방지하기 위하여 임직원의 신원과 관련된 정보를 지속적으로 파악·관리하여야 할 필요가 있다.

직원 알기 절차 수립 방법은 3가지로 구분되는데, 금융 회사에서는 많이 시행되고 있다. 사실상 핀테크 블록체인 업체에서 시행하기가 쉽지 않다.

> 첫째, 회사는 직원 알기 제도의 이행과 관련된 절차와 방법을 수립하여야 하며, 해당 절차와 방법에는 직원의 신용 상태 조회, 금융투자 협회 관련 행위 조회, 요주의 인물 리스트 정보와의 비교, 임직원 거래모니터링 등을 포함할 수 있다.
> 둘째, 회사는 이에 따라 수립된 관련 절차 등이 원활하게 운용될 수 있도록 적절한 조치를 취하여야 한다.
> 셋째, 직원 알기 제도의 시행 업무 중 일부는 채용·인사 담당 부서와 관계되며 이에 따라 회사는 직원에게 업무를 분장할 수 있다.

직원에 대해서 확인을 해보는 방법은 신원 조회도 있지만, 뒤에 다룰 WLF(요주의 리스트 필터링)를 통해서 확인하는 것도 좋은 방법 중 하나라고 생각한다.

5.
비대면 실명 인증

　비대면 실명확인은 거래자 본인 여부를 확인할 때 온라인 채널 등 대면 이외의 방식으로 실명확인 하는 것을 의미한다.

　금융위원회는 비대면 인증의 방법으로 관련 기존 계좌 활용, 신분증 스캔, 영상통화, 직접 확인, 생체인증을 포함한 기타 방식 등 해외 인터넷전문은행들이 활용하고 있는 대부분의 인증 방식을 허용하고 있다. 만약 가상자산(암호화폐) 거래소의 등록제가 될 경우에 회원의 인증방식은 비대면 실명인증방식이 될 것으로 예상된다. (그림 2-8 비대면 실명확인방식의 ①, ④ 항목 참조)

　① 실명확인증 사본 제출인 신분증 스캔은 고객이 사진으로 촬영 및 스캔 한 뒤 온라인으로 보내면 금융기관이 진위 여부를 확인한다.

　④ 기존 계좌 활용은 이미 개설된 계좌로부터 소액 이체 등을 통해 계좌 거래 확인을 하는 것이다.

　행자부와 연계한 신분증 진위 여부 서비스는 2014년도의 행자부에 참여 의사를 밝힌 업체만 연계가 되고 있다. 2017년 7월 당시에는 46

비대면 실명확인 방식

① 실명확인증표 사본 제출 : 고객이 실명확인증표(원본)를 사진촬영 또는 스캔후 컴퓨터 또는 모바일 기기를 통해 이메일, 파일 업로드 등의 방식으로 제출

② 영상통화 : 금융회사 또는 금융회사 직원이 영상통화 등을 통해 실명확인증표상 사진과 고객의 얼굴을 대조
  * 고객이 위협이나 강박상태에 있는 등 의심할 만한 정황이 있는 경우 다른 비대면 방식을 통한 추가 확인이나 대면확인 요구 가능

③ 접근매체 전달과정에서 확인 : 본인만 수취할 수 있는 우편 등을 통해 고객에게 현금카드, 통장, OTP, 보안카드 등 접근매체 전달과정에서 실명확인증표 확인

④ 기존계좌 활용 : 타 금융회사에 이미 개설되어있는 고객의 기존 계좌로부터 금융회사가 소액이체를 받는 등의 방식을 통해 고객이 기존 계좌에 대해 사용권한이 있는 자 임을 확인
  * 예 : ❶고객이 금융회사가 지정한 금액을 이체, ❷금융회사가 기존계좌에 소액이체 후 고객이 해당 자금을 금융회사에 재이체, ❸고객의 기존계좌에 대해 금융회사가 소액이체 등의 방식을 통해 1회용 인증번호 등을 전송하고 고객이 해당 인증번호를 입력하는 방법 등

⑤ 기타 이에 준하는 방법 : 금융회사에 생체정보"(이하 '바이오정보'라 한다)를 등록한 고객은 사전에 대면·비대면 등으로 등록한 바이오정보와 비교를 통해 확인
  * 바이오정보 외에 새로운 방식의 실명확인 방안에 대한 금융위원회의 승인은 불필요하고, 금융회사가 자체적으로 판단하여 적용 가능
  ** 지문, 정맥, 얼굴(안면), 홍채, 음성, 서명, 키스트로크, 보행 등 개인의 신체적 또는 행동적 특징을 디지털화한 정보

⑥ 타 기관 확인결과 활용 : 공인인증서, 아이핀(I-PIN), 휴대폰과 같이 인증기관 등에서 신분확인 후 발급한 파일, 아이디·비밀번호, 전화번호 활용

⑦ 다수의 개인정보 검증 : 고객이 제공하는 정보(예 : 전화번호, 주소, 이메일, 직장정보 등)와 신용정보회사 등이 보유한 정보를 대조

그림 2-8 비대면 실명확인 방식 | 출처: 은행연합회 금융실명거래 업무해설

개 금융기관이 참여하고 있었다. 일부 증권, 보험사는 참여하지 않고 있었으며, 그 후 카카오 뱅크와 케이뱅크가 추가로 참여하였다. 그 외 금융기관은 신분증 진위를 실시간으로 확인이 불가능하다. 또한, 외국

인 여권, 외국인 등록증 진위 확인은 법무부와 연계되어 있지 않아서 '신분증 실시간 진위확인'은 운전면허증, 주민등록증을 대상으로만 하고 있다.

2017년 7월 당시 필자가 소액 해외송금업을 등록하기 위해서 했던 일 중 가장 어려웠던 일은 신분증 진위 확인 서비스가 모든 금융기관이 필수인지에 대한 확인 여부였다. 표 2-5는 그때 확인하였던 행자부와 연계한 신분증 진위 서비스를 실시하는 기관의 목록이다. 이후에 카카오 뱅크와 케이뱅크도 추가가 된 것으로 알고 있다.

비대면 실명인증은 대부분의 금융기관에서 온라인으로 계좌 개설을 하기 위해서 사용하는 방법이다.

그림 2-8에서 ②번 영상 통화는 금융회사 직원이 고객과 직접 영상 통화하면서 육안 및 안면 인식 기술을 통해 신분증 사진과 고객 얼굴을 대조해 확인하는 것이다. 직접 전달은 은행이 고객에게 사람을 보내 확인하는 방식이다. 생체 인증은 본인 확인을 위해 지문이나 홍채 등 생체 정보를 활용하는 것이다.

국내 기업이 비대면 실명 인증을 위해서는 금융위가 언급한 기술 중 2개는 반드시 사용해야 한다.

비대면 인증 서비스를 두 가지 이상 함께 쓰라는 것이 금융위 권고안이다. 사실상 5가지 모두 쓰는 것이 보안 측면에선 가장 낫겠지만 서비스가 복잡하고 불안정해져 차라리 오프라인 점포에 가는 것이 편할 수도 있는 상황이 발생할 수 있기 때문이다.

금융결제원 신분증 진위 확인 참가 대상 기관 목록			
1	산업은행	24	산림조합중앙회
2	기업은행	25	단위 수협
3	국민은행	26	유안타증권
4	수협은행	27	미래에셋대우
5	농협은행	28	삼성증권
6	우리은행	29	한국투자증권
7	SC은행	30	키움증권
8	한국씨티은행	31	대신증권
9	대구은행	32	하이투자증권
10	부산은행	33	현대차투자증권
11	광주은행	34	하나금융투자
12	제주은행	35	신한금융투자
13	전북은행	36	유진투자증권
14	경남은행	37	한국증권금융
15	KEB하나은행	38	삼성생명보험
16	신한은행	39	흥국생명보험
17	케이뱅크은행	40	미래에셋생명
18	한국카카오은행	41	알리안츠생명
19	우정사업본부	42	현대라이프생명
20	농협중앙회	43	동부생명
21	새마을금고중앙회	44	KDB생명
22	신협중앙회	45	농협생명
23	상호저축은행중앙회	46	신한생명

표 2-5 금융결제원 신분증 진위 확인 참가 대상 기관 목록

그림 2-9 업비트 비대면 실명방법 중 ④기존계좌의 활용 예시

그림 2-9는 업비트의 비대면 실명 인증 방법의 하나인 기존계좌를 통해서 실명 인증하는 방법에 대한 예시이다. 입금된 금액이 아닌 보낸 사람이 특정 기호나 숫자를 보내서, 고객이 직접 은행계좌를 확인해야 알 수 있기 때문에 이를 기존계좌 확인 방법으로 부르고 있다.

지금까지 상황을 보면 국내 금융회사들은 비대면 인증 서비스를 위해 2~3가지 기술을 투입하는 경우가 대부분이다. 카카오와 해외송금 업체는 대부분 그림 2-8 비대면 실명확인 방식에서 ①실명 확인 증표 사본 제출과, ④기존계좌의 활용을 이용하여 비대면 실명 인증을 하고, 부가적으로 SMS 인증을 실시하고 있다.

6.
CDD(고객 확인 의무)

　고객 확인 의무(Customer Due Diligence, CDD)는 금융회사가 고객과 거래 시 고객의 성명과 주소, 연락처 등을 확인하고, 자금 세탁 행위 등의 우려가 있는 경우 실제 당사자 여부 및 금융거래 목적을 확인하는 제도를 말한다.

　금융 회사가 고객에 대해 이렇게 적절한 주의를 기울이도록 한 것은 자신이 제공하는 서비스가 자금세탁행위 등에 이용되는 것을 방지하기 위한 것이다. 우리나라 법률에서는 이를 '합당한 주의'로서 행하여야 하는 의무사항으로 규정하고 있다.

　고객 확인 의무는 금융회사 입장에서는 금융회사가 고객의 수요에 맞는 금융서비스를 제공하면서도 정확한 고객 확인을 통해 자금세탁의 위험성을 최소화하고 금융회사의 평판 위험을 줄일 수 있는 장치로서 인식되고 있다. 또한, 자금세탁방지 측면에서는 금융회사가 평소 고객에 대한 정보를 파악·축적함으로써 고객의 혐의 거래 여부를 파악하는 토대를 제공한다고 할 것이다.

미국, 호주, 일본, 캐나다, 영국, 캄보디아, 베트남 등 전 세계 50여 개국 해외송금을 하고 있는 한패스는 회원가입을 할 때 CDD를 수행하고 있으며, 국적, 실명 번호, 주소를 수집하고 있다. 이는 특금법을 수행하는 금융회사의 범위에 해외송금업이 포함되어 있기 때문이다.

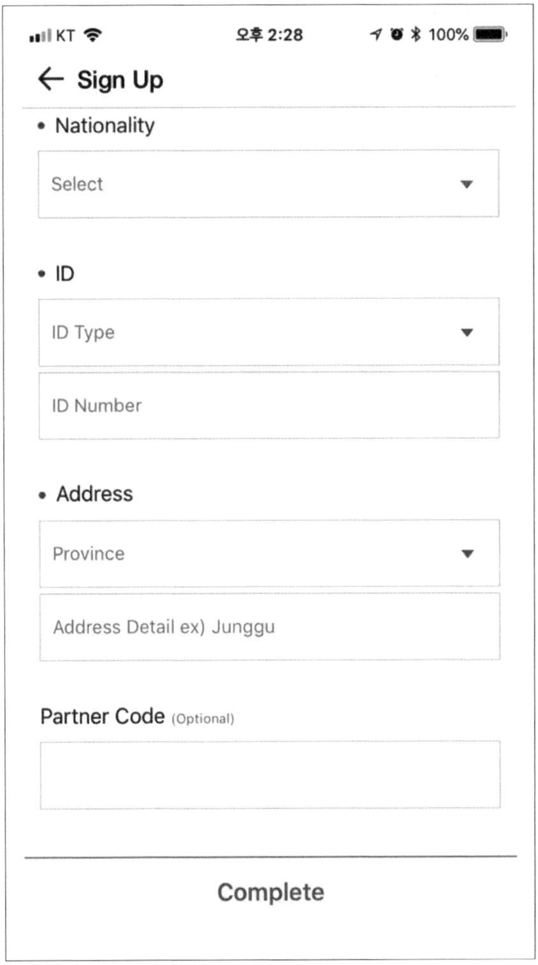

그림 2-10 해외송금 한패스의 CDD 수행 화면

행정규칙인 '자금세탁방지 및 공중협박 자금조달 금지에 관한 업무 규정'에서 정의한 고객 확인의 항목은 아래와 같다.

> 『① 금융 회사 등이 검증하여야 하는 개인고객의 신원확인 정보는 다음 각 호와 같다.
> 1. 성명
> 2. 생년월일 : 외국인 비거주자의 경우에 한 함
> 3. 실명번호
> 4. 국적 : 외국인의 경우에 한 함
> 5. 주소 및 연락처 : 단, 외국인 비거주자의 경우 실제 거소 또는 연락처』
>
> 출처: 업무 규정 제5절 제38조(신원확인)

이중 주소를 검증을 할 수는 없지만 STR(의심거래보고)을 수행하기 위해서 주소는 반드시 필요한 정보이기 때문에 받아 두어야 한다.

7.
EDD(강화된 고객 확인)

비대면으로 개설한 A은행에 오랜만에 로그인했더니, 접속이 되지 않고 전화하라는 내용만 뜬다. 강화된 고객 확인제도에 따라서 나의 자금원천 등에 대해 다시 확인하는 절차를 거치고 나서야 계좌의 이용이 가능했다.

EDD 혹은 강화된 고객 확인은 2008년 12월 22일부터 시행된 제도를 이야기한다.

강화된 고객 확인제도는 고객별, 상품별 자금세탁 위험도를 분류하고 자금세탁위험이 큰 경우

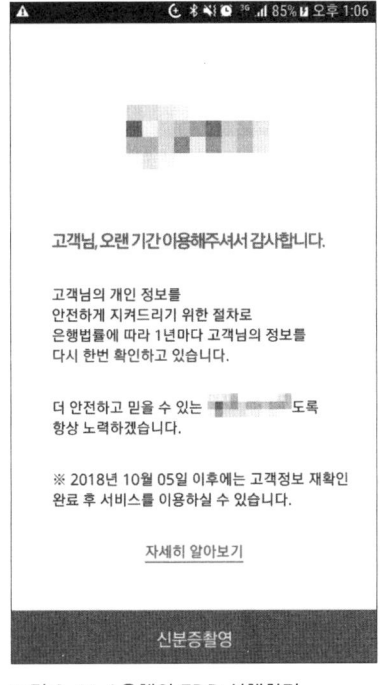

그림 2-11 A은행의 EDD 실행화면

에는 더욱 엄격하게 고객을 확인하여야 한다. 실제 당사자 여부 및 금

융 거래 목적을 확인하도록 하는 제도이다.

금융 회사는 고객과 거래유형에 따른 자금세탁 위험도를 평가하고 위험도에 따라 차등화된 고객 확인을 실시함으로써 자금세탁의 위험이 낮은 고객에 대해서는 고객 확인에 수반되는 비용과 시간을 절약하는 반면, 고위험 고객 또는 고위험 거래에 대하여는 강화된 고객 확인을 실시함으로써 자금세탁위험을 보다 효과적으로 관리할 수 있게 된 것이다. 위험 중심 접근법(Riskbased Approach)에 기초하여 보다 효율적으로 자금 세탁을 방지할 수 있게 된 것이다.

강화된 고객 확인제도의 세부적인 확인 내용·절차·방법 등은 금융정보분석원이 고시하고 있고 세부 항목은 아래와 같다.

> 『① 금융 회사 등은 자금 세탁 행위 등의 위험이 높은 것으로 평가된 고객에 대하여 금융거래의 목적 등 추가적인 정보를 확인하여야 한다.
> ② 금융 회사 등이 제1항에 따라 개인고객에 대하여 확인하여야 할 추가정보는 다음 각 호와 같다.
> 1. 직업 또는 업종(개인사업자)
> 2. 거래의 목적
> 3. 거래 자금의 원천
> 4. 기타 금융 회사 등이 자금세탁 우려를 해소하기 위해 필요하다고 판단한 사항
>
> 출처: 업무 규정 제5절 제42조(추가 확인정보의 범위)

8.
WLF(요주의 리스트 필터링)

Sanction List(제재 리스트) 혹은 WLF(Watch List Filtering)에는 글로벌 제재 및 공식 목록(Global Sanctions and Official Lists), 금융범죄 관련 특별 관심인물(Special Interest Persons, SIP), 정치적 주요인물(Politically Exposed Persons, PEP), 친인척 및 측근(Relatives & Close Associates, RCA), 공기업(State Owned Companies, SOC), 부정 언론 노출 기업(Adverse Media Entities, AME) 리스트 및 관련 정보를 포함하게 된다.

OFAC(미국 재무부 해외자산통제국), UN 등의 제재 목록은 이름과 생년월일이 나오는데, 이때 영문성명으로 동일인지를 찾게 된다. 이때 이름만이 아닌 국가와 생년월일, 사망여부의 정보를 활용하여 동일인 여부를 찾아야 한다.

이름에 대한 매칭은 컴퓨터 과학에서 근사 문자열 일치는 대략 패턴과 일치하는 문자열을 찾는 기술인 퍼지 매칭(Fuzzy Matching)을 활용해야 하는데, 100%를 일치하는 경우만 찾게 되면 문제가 될 수 있다.

북한의 '김정은'은 1984년 1월 8일 생인 'KIM JONG UN'인데, 완전하게 동일한 스펠링만이 아닌 근사 문자열인 경우에도 확인해 보아야 한다는 의미이다.

WLF(요주의 리스트 필터링)은 해외에만 해당되는 것이 아니라 한국도 해당되고, 제재목록은 블록체인 거래의 여부에 따라서 비트코인 주소를 확인하거나 영문명을 확인할 것인지 달라진다.

리스트	개요	관련기관	전결규정
OFAC SDNs 리스트	OFAC(Office of Foreign Assets Control)에서 발표하는 SDNs(Specially Designated Nationals of Blocked Person) 리스트	OFAC	거래거절
UN 테러리스트 리스트	UN(United Nations)에서 발표하는 테러리스트	UN	거래거절
금융거래제한 대상자 리스트	금융위원회에서 고시하는 금융거래제한 대상자 리스트	금융위원회	거래거절
내부리스 (임의등록 리스트)	내부 List는 필수사항은 아니지만 자금세탁방지업무 효율성 및 효과성을 달성하기 위해 필요. (임의등록 리스트 : Watch List 이외에 회사에서 내부적으로 주의해야 할 고객)	당사	사업부장 (임원) 전결, 자체판단

표 2-6 WLF 리스트와 전결 규정

『① 금융 회사 등은 금융거래가 완료되기 전에 다음 각 호와 같은 요주의 인물 리스트 정보와의 비교를 통해 당해 거래고객(대리인, 법 제5조의 제1항 제1호 나목에 따른 "실제소유자" 및 법인·단체 고객의 경우 대표자를 포함한다)이 요주의 인물인지 여부를 확인할 수 있는 절차를 수립·운영하여야 한다.

1. 공중협박 자금조달 금지법에서 금융위원회가 고시하는 금융거래 제한 대상자 리스트
2. UN에서 지정하는 제재대상자
3. 제69조 각 호에 따른 FATF지정 위험국가의 국적자(개인, 법인 및 단체를 포함한다) 또는 거주자
4. 금융 회사 등의 주요 해외 지점 등 소재 국가의 정부에서 자금 세탁 행위 등의 위험을 우려하여 발표한 금융거래제한 대상자 리스트
5. 외국의 정치적 주요인물 리스트 등

② 금융 회사 등은 고객이 제1항에 따른 요주의 인물에 해당하는 때에는 당해 고객과의 거래를 거절하거나 거래관계 수립을 위해 고위경영진의 승인을 얻는 등 필요한 조치를 취하여야 한다.』

출처: 업무 규정 제5절 제43조(요주의 인물 여부 확인)

구분	이름	비트코인 주소	국적	생년월일	출처
KYT	KHORASHADIZ-ADEH Ali	149w62ry42azbox8f gcmqnsxuzsstkeq8c	Iran	1979.9.21	OFAC
KYT	GHORBANIYAN Mohammad	1ajzpmsnmpdk2rv9k qnfmurtxinscvro9v	Iran	1987.3.9	OFAC
KYC	ABAUNZA MARTINEZ, Javier		Spain	1965.1.1	기재부

표 2-7 KYC KYT 사례 비교

9.
PEP(정치적 위험 인물)

　정치적으로 주요한 인물들도 WLF 대상 안에 들어 있는데 따로 떼서 설명하는 이유는 PEP라는 단어만 별도로 분리하는 경우가 많기 때문이다.
　우리가 생각하는 정치적 위험하고는 개념이 다르다. 베트남으로 송금업무를 할 때 베트남 농림장관을 지낸 사람의 이름과 비슷한 사람이 많이 걸렸다. PEP가 각국 국왕 또는 행정수반, 주요 행정관료, 중앙은행장 등으로 구성되어 있어서 이중 주요 행정관료도 들어간다는 사실이 처음에는 잘 이해가 되지 않았다.
　FATF는 모든 금융기관은 정치적 주요 인물에 대해 일반적으로 고객주의의무 절차에 따라 적절한 리스크 관리시스템을 운영하고 관련 업무 관리자의 승인 취득, 자금 원천 확인을 위한 조치 등을 수행해야 한다고 규정하고 있다.
　정치적 주요인물(PEP)이란 국가원수, 장관, 국회의원, 중앙 및 지방정부 고위공무원, 외교 공무원, 고위 군경수뇌부, 고위 첩보기관원, 고위 법관, 국제기구 임원, 국제 스포츠기구 임원 등 상당히 광범위하다.

현재 우리 금융 당국도 '금융정보분석원의 업무 규정'(제4조 요주의 인물 여부 확인)에 따라 이 부문에 대한 감독을 강화하고 있다. 금융 기관 등은 금융 거래가 완료되기 전에 PEP 리스트와의 비교를 통해 해당 고객이 PEP인물인지 여부를 확인할 수 있는 절차를 수립, 운영해야 한다.

그림 2-12 UN 제제리스트

10.
국가별 위험

국내 송금만 하는 경우에는 상관이 없지만, 해외송금이나 블록체인 송금에서는 국가도 중요한 고려 대상이다.

FATF는 국제 기구이며, 국제 기준을 미이행국가에 대해서는 송금에 대해서는 특별한 주의의무를 부과하고 있기 때문에 송금 시에는 좀더 고려가 필요하다.

북한, 이란, 예멘, 에티오피아, 스리랑카, 시리아, 트리니다드로바고, 튀니지, 파키스탄, 바하마, 보츠와나, 가나, 캄보디아 등 기존 국가 외에 추가된 파나마는 신경을 써서 보아야 하는 국가이다.

[주요결과 ❷] FATF 국제기준 미이행 국가에 대한 제재 논의

☐ FATF는 각국의 국제기준 이행을 종합 평가하고, **미이행·비협조** 국가에 대한 제재를 담은 **공개성명서**(Public Statement) 등 채택

   ㅇ 종전과 같이 **북한**에 대해서는 **최고수준** 제재(Counter-measure)를, **이란**에 대해서는 **특별한 주의의무**(Enhanced due diligence) 유지

   ㅇ 한편, 기존 'Compliance Document'(자금세탁방지제도상 취약점 있음) 12개국 중 11개국은 '**현행 유지**(status-quo)'로 결정하고,

    - 개선점이 있었던 세르비아는 제재 리스트에서 **제외**하되, 파나마는 신규로 추가(총 12개국)

< 국제기준 미이행 국가에 대한 FATF 제재 >

종류		효과	국가
❶ Public Statement	Counter-measure	사실상 거래중단, 해당 국가에 금융회사 해외사무소 설립 금지 등 적극적 **대응조치**	북한
	Enhanced due diligence	자금세탁방지제도에 결함이 있어 해당국가 와의 거래관계에 **특별한 주의**	이란
❷ Compliance document		자금세탁방지제도에 취약점이 있으므로, 해당 국가와 거래관계시 관련 **위험을 참고**	12개국*

* (현행유지) 예멘, 에티오피아, 스리랑카, 시리아, 트리니다드토바고, 튀니지, 파키스탄, 바하마, 보츠와나, 가나, 캄보디아 / (추가) 파나마

그림 2-13 FATF의 국제기준 미이행국가

11.
CTR(고액 현금거래보고제도)

고액 현금거래보고제도(Currency Transaction Report)는 일정 금액 이상의 현금 거래를 FIU에 보고하는 제도로 금융기관이 자금세탁의 의심이 있다고 주관적으로 판단한 금융거래에 대하여만 보고하도록 하는 혐의거래보고제도(STR)를 보완한 제도이다.

간편송금이나 해외송금 등의 핀테크 기업은 은행과 같은 금융회사와 동일하게 1천만 원 이상의 현금(외국통화는 제외한다)이나 현금과 비슷한 기능의 지급수단으로써 현금 등을 금융거래의 상대방에게 지급하거나 그로부터 영수(領收)한 경우에는 그 사실을 30일 이내에 금융정보분석원장에게 보고하여야 한다(특정금융거래보고법4의2①).

STR은 주관적인 기준에 의해 행해지지만, 고액현금거래보고(CTR)제도는 객관적 기준인 1천만 원 이상의 현금거래를 보고하여 불법자금의 유·출입 또는 자금세탁혐의가 있는 비정상적 금융거래를 효율적으로 차단하려는 데 그 목적이 있다.

고액현금 거래 보고는 금융회사와 고객이 현찰을 직접 주고 받는(입금 또는 출금) 경우에 FIU에 보고해야 하는 제도다. 계좌 간 이체는 현금을 직접 주고 받는 것이 아니기 때문에 제외된다. 즉, 블록체인이나 핀테크처럼 현금을 수반하지 아니한 거래는 신경 쓰지 않아도 되는 제도다.

FIU는 고액 현금 거래 보고 가운데 자금세탁이 의심되는 경우는 국세청이나 검찰, 경찰 등에 정보를 제공하고 있다. FIU 관계자는 "고액 현금 거래 기준 금액이 낮아지면 그만큼 탈세를 막는 효과가 있다"고 말했다.

거래사례	보고대상	비고
甲이 자신의 은행 계좌에서 乙의 은행 계좌로 물건대금(1,200만원) 이체	X	계좌간 이체는 현찰의 직접적 지급·영수가 없음
甲이 乙에게 물건대금(1,200만원)을 자신이 보유한 현금으로 지급	X	금융회사와의 거래가 아닌 사인간 거래는 대상 아님
甲이 자신의 은행 계좌에서 1,200만원 수표로 인출	X	현찰거래가 없었으므로 보고대상 아님

표 2-8 CTR 보고 사례 | 출처: 금융감독원

12.
STR(의심거래보고제도)

핀테크는 원래 금융 업무를 기술을 활용하여 편리하게 이용하는 것을 이야기한다. 편리하게 이용을 한다는 것은 악용을 쉽게 할 수 있다는 말과 동일한 말이기에 금융 기관이 보고 의무가 있는 STR(Suspicious Transaction Report)도 가상자산 거래소, 핀테크 기업에도 적용해야 한다. STR은 설명이 사실 조금 어렵다. 말 그대로 '의심스러운'이라는 주관적인 표현을 쓰고 있기 때문에 판단 기준도 애매하다.

금융위원회의 「가상통화 관련 자금세탁방지 가이드라인 개정안」에서는 가상통화 거래와 관련하여 자금세탁으로 의심할 수 있는 금융거래 유형도 제시하였다.

구체적으로 이용자가 가상통화 거래를 위해 1일 1,000만 원 이상 또는 7일간 2,000만 원 이상 자금을 입출금하는 경우, 자금세탁으로 의심할 수 있는 금융거래 유형에 해당한다고 본 것이다.

표 2-9는 해외송금중계상에서 한 명이 여러 명에게 한꺼번에 돈을 보내고 있어서, 그 내역에 대해 요청한 자료이다.

연락처	송금인	수신인	송장번호	송금일	금액
010 -21XX -7XX9	LIRYO OXXXXXXX	AXXES OBXXXO	REMITWX VR4HR418	09-X1 -2018	159,841.00
	RhiXXXXXXXX @gmail.com	AXXES OBXXXO	REMITKN WX34GA18	09-X2 -2018	159,589.00
		AXXES OBXXXO	REMITGHF QDL3618	09-X2 -2018	159,633.00
		JXXXLYN CRXXTAL	REMITGAM QSYGH18	09-X1 -2018	32,500.00
		SHYXXNE EXXLE	REMITV8 285L3E18	09-X0 -2018	4,000.00
		Total Count:	5		515,563.00

표 2-9 해외의 송금 중계상에서 보내온 의심거래 목록

이런 경우 외에도 3명 이상이 동일인에게 영업일 3일 이내에 송금을 하거나 반대로 1명이 3명 이상에게 영업일 3일 이내에 자주 송금하는 경우 금융기관에서 정한 룰에 의해서 보고를 해야한다.

그림 2-14는 금융정보분석원에서 제공하는 의심스러운 거래 보고서 양식이다. 금융정보분석원 포탈의 STR/CTR 프로그램을 실행하여 등록하면 된다.

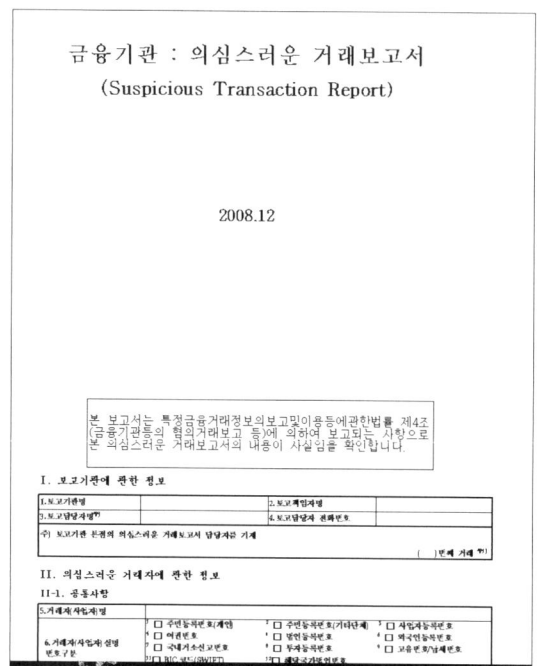

그림 2-14 금융정보분석원의 의심거래보고서 양식

아래는 해외송금업에서 의심 거래 유형으로 분류된다.

- 다수가 한 계좌로 송금
- 한 명이 다수의 계좌로 송금
- AML 필터링 된 경우
- 최소한의 금액으로
- 건당 3000불 이상 송금 시도자
- 최대 한도 알아보려고 다수 시도자

- 그 외 의심스러운 정황 발견 시
- 외국인이 타국으로 송금
- 2개국 이상 송금자
- 해외 MTO(송금 중계상)에서 의심거래자로 보고가 된 경우

13.
RBA(위험기반접근방법)

　RBA(Risk-Based Approach)이란 자금세탁·테러자금 조달 행위의 위험도에 따라 부문 별 관리 수준을 차등화 하는 전사 위험평가체계(위험도가 높은 분야에는 강화된 조치로 위험도가 낮은 분야에는 간소화된 조치를 적용하는 접근법)로 자금세탁방지 업무에서 선진화된 금융기법을 RBA라고 한다.
　즉, 자금세탁 위험도가 높은 곳에는 모니터링 및 인적 자원을 집중적으로 배치하고, 상대적으로 저 위험 고객은 간소화된 자금세탁 시스템을 적용하는 방식을 말한다.
　2012년 FATF 개정안에 따르면 각 국의 위험평가와 RBA 시스템 도입이 이미 의무화됐으며, 우리나라는 2019년에 RBA 시스템 구축 및 운영에 대한 제4차 국가 간 상호평가를 예정하고 있다. 현재 금융감독원 등 감독 기관과 금융 기관들이 이에 대응하기 위해 시스템 구축을 분주하게 추진하고 있는 상황이다.
　스페인, 노르웨이, 벨기에, 호주는 이미 상호평가를 완료한 국가이고 한국도 2019년까지는 완료 예정이다.

RBA 기반 전사 위험평가 모델 개발을 하기 위해서는 위의 표와 같은 프로세스의 정립이 필요하다. 가장 먼저 위험을 식별하고, 위험분석 평가를 수행 후에는 지속적으로 모니터링이 필요한 것이다.

구분	세부사항
전략수립	• 위험평가 자료수집(위험, 통제효과성 등) • 위험평가 세분화, 체계 구성(Business, 고객, 프로세스, 부서별) • 위험평가모델 수립 및 위험평가단위 확정
위험식별	• 위험식별, 통제위험 식별 • 정량적 지표 도출(위험, 통제효과성 등) • 정성적 지표 도출(평가단위별, 전사 별 통제의 효과성 등)
위험분석 및 평가	• 정량적·정성적 지표의 발생가능성 및 영향도에 따른 위험 분석 • 평가단위(부서별, 상품/서비스별) 위험평가모델 개발 및 위험 평가
모니터링 및 개선계획 수립	• 고위험 영역 모니터링 • 개선계획 수립

표 2-10 RBA 프로세스

14.
내부통제

  2019년 3월 29일 국내 최대 가상자산 거래소 빗썸에서 암호화폐 탈취 사건이 발생했다. 업계와 빗썸에 따르면 이번 사고로 암호화폐 이오스(EOS) 300만 개와 2천만 개의 리플(XRP)이 빗썸에서 비정상적으로 빠져나갔다. 원화로 환산하면 약 215억 원에 달하는 규모다. 빗썸은 이와 대해 "이번 탈취 사고는 해킹이 아닌 내부 횡령 사고이며, ISMS인증과 멀티시그 출금 방식을 적용해 철저한 보안을 해왔고 회원의 자산 유출 피해는 없었다"고 밝혔다.

  빗썸 사례는 금융회사의 내부 통제 중 KYE가 해당될 것이고 가장 먼저 직원을 뽑기 전에 ③ 직원알기제도(Know Your Employee)를 통한 신원 검증을 실시하고, 독립적인 감사체계, 엄정 모니터링을 수행하였다면 사고를 미연에 방지할 수도 있었을 것이다.

  핀테크, 블록체인 회사에서 금융회사의 수준의 내부통제 업무를 수행하기는 쉽지 않겠지만, 내부통제 업무의 중요성은 점점 더 부각이 되고, 이를 위한 기업의 노력이 필요한 시점이다.

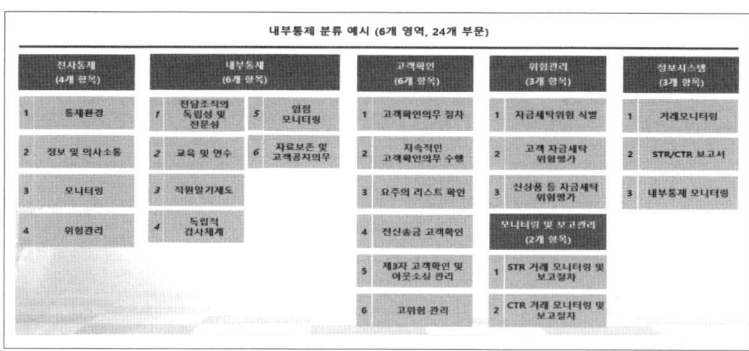

그림 2-15 내부 통제 분류 | 출처: 금융정보분석원의 내부통제 예시

"자금세탁방지를 위한 내부 통제"란 금융기관 내부 통제 기준의 일부분으로 자금세탁 및 공중협박 자금 조달(이하 자금세탁) 위험을 예방하거나 완화시키기 위해 금융기관의 모든 임직원에 의해 지속적으로 행해지는 일련의 과정으로, 경영구조, 제공되는 상품, 고객 특성 등을 고려하여 위험 수준에 따라 구축되어야 한다.

① 자금세탁방지업무 담당 구성원별 역할·책임

② 임직원에 대한 교육 및 연수

③ 직원 알기 제도(Know Your Employee)

④ 독립적인 감사체계

⑤ 신규 상품 및 서비스에 대한 자금세탁방지 절차 수립

⑥ 위험기반 자금세탁방지 절차 수립

⑦ 내·외부 보고체계의 수립

⑧ 관련 자료 보존체계 수립

1. 자금세탁방지 업무 담당 구성원별 역할 · 책임

1) 이사회는 경영진이 설계·운영하는 자금세탁방지 활동과 관련하여 경영진이 자금세탁방지를 위해 설계·운영하는 내부 통제 전반에 대한 감독 책임과 자금세탁방지와 관련한 경영진 및 감사(위원회)의 평가·조치 결과에 대한 검토 책임 수행함

2) 경영진은 자금세탁방지 활동과 관련하여 ① 자금세탁방지를 위한 내부통제 정책의 이행 계획·설계·운영·평가에 대한 책임, ② 자금세탁방지를 위한 내부통제 규정 승인, ③ 내부통제 정책의 준수, 취약점에 대한 개선조치사항의 이사회 보고, ④ 내부통제 운영과정에서 발견된 취약점에 대한 개선책임 및 ⑤ 자금세탁방지 업무를 효과적으로 수행하기 위해 일정 자격과 직위를 갖춘 자를 보고 책임자로 선정하고, 그 임면 사항을 금융정보분석원장에게 통보하여야 함

2. 보고 책임자의 역할 · 책임

① 금융거래 시 고객 확인의무 수행관련 업무 총괄
② 의심스러운 거래를 금융정보분석원장에게 보고
③ 고액현금거래를 금융정보분석원장에게 보고
④ 자금세탁방지를 위한 내부통제의 설계·운영 및 점검
⑤ 금융정보분석원과의 업무협조, 정보교환 등

3. 임직원에 대한 교육 및 연수

자금세탁방지제도에 대한 임직원의 이해와 관심제고 등을 위해 교육·연수를 보고 책임자가 주관하여 실시하되, 세부사항은 각 금융기관 등이 자율적 수립함

1) 교육대상 및 시기: 전 직원에 대하여 연 1회 이상 실시
2) 교육방법: 집합, 화상 등 다양한 방법으로 협회 등 관련기관 주관 공동교육 가능
3) 기록관리: 교육실시 후 교육일자, 교육대상, 교육내용 등을 기록·관리하여야 함

4. 직원 알기 제도(Know Your Employee)

금융기관 등은 자금세탁방지를 위하여 직원 채용(재직 중 포함) 시 신원확인 등을 포함하여 직원 알기 제도 관련 절차를 수립·운영하여야 함

5. 독립적인 감사체계

금융기관 등은 규모, 업무 범위, 내부통제 수준 등에 따른 위험을 고려하여 독립적인 감사체계를 구축·운영하여야 한다. 감사대상은 금융기관 등의 자금세탁방지 관련 활동으로 하며, 감사수행 빈도 및 수준은 자금세탁 위험에 따라 조정할 수 있음

5-1. 감사주체 및 수행주기

1) 자금세탁방지 업무에 대한 감사는 감사(위원회)가 수행하여야 하며,

감사를 수행하는 자는 자금세탁방지 제도를 평가할 수 있는 자격을 갖추어야 함

2) 자금세탁 위험수준을 고려, 자금세탁방지업무 수행 본부 부서에 대한 감사는 연 1회, 영업점에 대한 감사는 임점, 서면, 모니터링 검사 등을 활용 정기적으로 수행하여야 함

5-3. 감사 범위

감사범위는 자금세탁방지제도의 이행수준과 효과 등을 전반적으로 평가하여, 의견을 제시할 수 있도록 설정되어야

5-4. 감사결과보고

감사수행결과는 이사회에 보고되어야 하며 감사 범위와 절차, 위반사항 및 사후조치 등을 기록·관리하여야 함

6. 신규 상품 및 서비스에 대한 자금세탁방지 절차 수립

금융기관 등은 전자금융기술의 발전 및 금융환경 등의 변화로 생겨날 수 있는 신규 상품 및 서비스를 이용한 자금세탁 위험을 예방하기 위해, 동 상품 및 서비스 판매 전에 자금세탁 위험을 측정할 수 있는 절차를 수립·운영하여야 함

출처: 금융정보분석원

Chapter 3.
블록체인과 암호화폐

블록체인은 객체 간의 분산되고 변경을 가할 수 없는 거래와 기록을 보관할 수 있는 '개인별 등기소'의 집합이라 할 수 있다. '개인별 등기소'에는 잔고, 재화의 주인 및 거래 당사자 사이의 메세지를 기록하게 된다. 네트워크를 이루는 노드에 모든 정보가 공유되기 때문에 분산되었다고 할 수 있다. 실수나 사기에 취약한 중앙 권력에 의존하지 않고, 개인 간에 직접 연결되어 있기 때문에 믿을 수 있고 검열도 받지 않는다. 한 번 거래가 기록되면 이 기록이 변경되거나 사라질 수 없기 때문에 불변성도 가지게 된다.

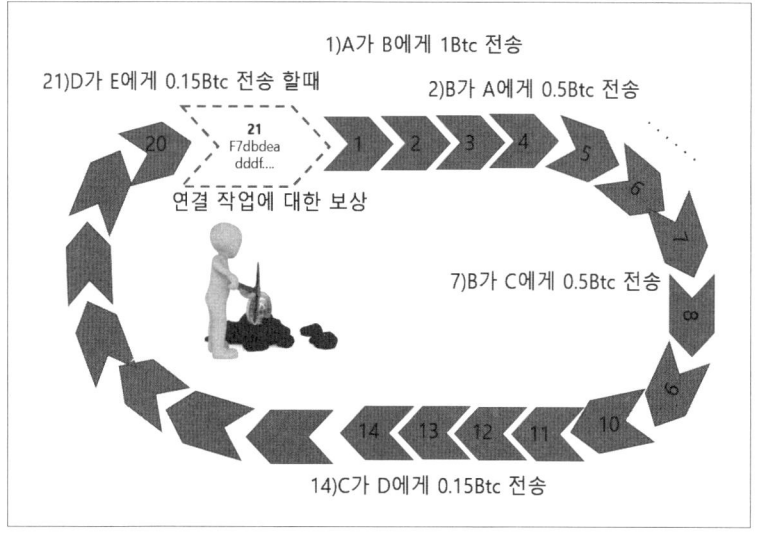

그림 3-1 블록체인 개념도

그림 3-1의 경우 블록체인 20개로 구성이 되어있고, 1개의 새로운 거래인 21번 거래를 하려는 상태이다. 이때 1번 블록부터 모든 블록에는 기록이 남아 있고, 그 기록은 서로 연결이 되어 있어서, 거래를 부정하

려면 참여한 20개 중 11개이상의 블록에서 기록이 잘 못되었다고 인정을 해야 그 기록이 부정이 된다. 가장 마지막에 일어난 21번 블록은 기존의 블록과 연결되어야 하는데, 블록체인은 중앙 관리자가 없기 때문에 항상 누군가는 이 블록을 연결해주기 위한 작업을 할 수밖에 없다.

그래서 마지막 블록체인의 블록을 연결하기 위한 해시암호 21번안의 F7db… 암호를 풀고 네트워크를 가장 먼저 연결한 사람에게 보상값을 준다.

이 과정을 채굴이라 하며 이는 기존의 블록의 거래내역을 증명하는 작업 증명과 가장 먼저 암호를 푼 것에 대한 보상이 주어지는데 이 보상이 가상자산(암호화폐)인 비트코인, 이더리움이 대표적이다.

1.
블록체인이란?

블록은 개인과 개인의 거래(P2P) 데이터가 기록되는 장부를 말한다. 기록된 블록 혹은 장부가 시간의 흐름에 따라 순차적으로 연결되는데, 이때 블록이 체인(사슬)의 구조를 가지게 되기 때문에 블록체인이라고 불리게 되었다. 기존의 블록의 거래내역을 증명하는 작업 증명과 가장 먼저 암호를 푼 것에 대한 보상을 주는데, 이러한 보상과 작업증명을 통해서 블록체인이 유지된다.

	PoW(작업증명, Proof of Work)	PoS(지분증명, Proof of Stake)
정의	신뢰하지 않는 참가자간 거래 가능하기 위해 작업한 내용 증명	참여자의 코인 지분이 많을수록 유리해지는 방식
적용	비트코인, 라이트 코인, 이더리움	이더리움, 캐스퍼(Casper)
장점	거래 내역 위변조가 불가	작업증명보다 처리 속도 빠르다
단점	모든 노드를 거치기에 처리 속도가 늦다	탈 중앙화를 역행, 이해당사자가 시스템을 제어함

표 3-1 작업증명과 지분증명 비교표

블록체인은 비트코인, 이더리움의 바탕이 되는 체계 혹은 플랫폼을 말하고, 비트코인, 이더리움은 이러한 플랫폼인 블록체인을 '화폐' 혹은 '보상'을 위해 응용한 결과 혹은 서비스라 할 수 있다. 블록체인과 구글 앱스토어는 둘 다 생태계 제공하는 플랫폼으로서의 역할을 수행하고 그 플랫폼안에서 다양한 서비스가 돌아가고 있는 것이다.

블록체인이란 분산원장이라는 플랫폼안에 비트코인, 이더리움 같은 다양한 서비스가 있고, 구글 플레이스토어라는 플랫폼안에 다양한 게임이 있듯이 말이다. 가장 다른점은 별도의 운영자가 없고 스스로 운영이 된다는 점이 다른 것이다.

	블록체인	구글 플레이스토어
대표서비스	비트코인, 이더리움, 대쉬, 모네로,	무료 앱, 유료 앱 서비스 다양
운영자	없음	구글
운영비	매우 낮은 수수료	인앱 결제의 30%
운영방식	신규 거래 발생시 새롭게 네트워크를 구성하고, 구성한 사람에게 보상	구글에서 중앙 집중적으로 관리

표 3-2 블록체인과 구글 플레이스토어 비교

구조에 대해서 이해하려면 네트워크 구조를 설명할 때 많이 쓰이는 네트워크 구성도를 생각하면 이해가 빠를 것이다. 블록체인을 비교할 때 네트워크 망 구성하는 것과 비교할 수 있을 것이다.

하늘 아래 새로운 것은 없다. 블록체인이란 개념도 완전히 새로운 것이라 할 수 없고, 기존의 있던 개념을 다시 재정의한 것이라고 할 수 있다.

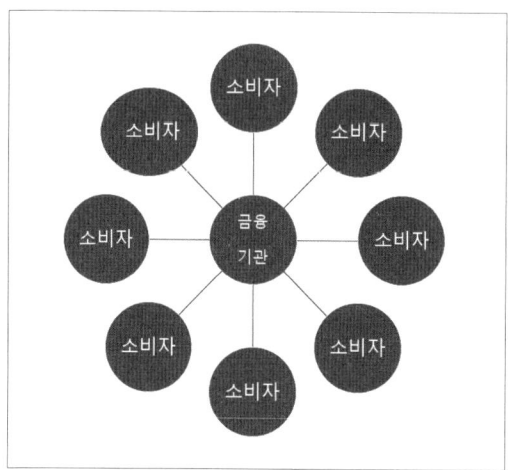

그림 3-2 Star 형 네트워크 구성도

    기존의 네트워크망을 구성하는 방법은 여러 방법이 있었는데, 기존의 금융거래는 Star 형과 비슷하다 할 수 있다. 금융거래는 Star 형으로 중앙집중형으로 구성되었는데, 중앙에서 서버 컴퓨터가 모든 것을 관리하고 있으며, 중앙의 서버 컴퓨터가 고장이 나면 모든 것이 정지되는 단점이 있다. 이러한 형태가 오늘날의 금융 거래 형태라 할 수 있다.

    집중화된 금융거래 형태는 집중이 되어 있기에 반드시 단일 실패 지점이 있고, 이 SPF(single point of failure)에 문제가 생기는 경우를 극복하기 위해 DR(disaster recoverey) 재난 복구 시스템을 구성하게 된다.

    재난 복구(disaster recovery, DR)는 자연 재해나 인위적인 재해가 일어나면 특정 단체, 기관에 중요한 기술 인프라를 복구하거나 지속할 목적으로 준비하는 데 대한 과정, 정책, 절차를 가리킨다. 재해 복구는 업무 연속성 계획(BCP)의 하부 분야이기도 하다.

이 책에서 사업 연속성과 재난 관리 백업을 다룰 수는 없기에 필자가 생각한 간략한 그림으로 정리를 대신한다. 백업 < DR(재해복구) < 사업 연속성의 순서로 개념의 확장으로 이해하면 될 듯하다. 사업 연속성은 ISO 22301 BCMS의 국제표준으로 정의가 되어 있다.

블록체인에 있어서 연결에 대한 이야기는 이전 블록과 다음 블록의 연결이라는 내용인 Chain과 같은 이름으로 표현한다. 블록체인에서도 체인(Chain)이라고 표현하지만 연속성의 개념에서도 체인(Chain)이라는 표현을 사용하고 있다. 그러므로 블록체인은 어떠한 형태든지 상호 연결되어 있다는 개념으로 생각해 볼 수 있을 것이다.

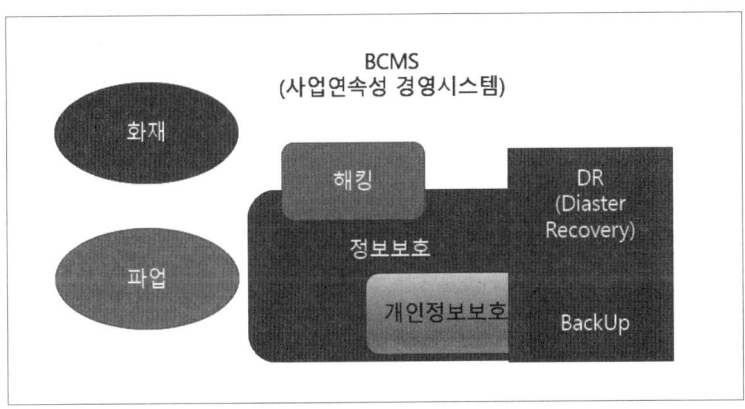

그림 3-3 사업연속성과 재해복구 백업과의 관계

블록체인도 결국에는 연속성이라는 개념에 속한다고 본다. 사업 연속성은 일어나기 힘들지만 영향력이 큰 재난이 발생한 경우에 사업의 연속성을 가져오는 것인데, 현대의 IT인프라는 중앙집중화를 하게 되면서 효율적이지만, 재난이 일어나게 되면 일시에 붕괴될 수밖에 없는 구조를 가지고 있다.

하지만 블록체인은 중앙집중화가 아닌 개인간의 연결을 통한 거래기록을 가지고 있기 때문에 재난이 일어나 일부가 단절되더라도 다른 블록에 있는 기록을 통해서 업무가 지속적으로 가능하기 때문에, 사업 연속성과 블록체인은 서로에게 궁합이 아주 잘 맞는 조합이라고 할 수 있다.

재난이 발생한 경우 시스템의 복구와 함께 가장 중요한 것이 RTO(재난복구시간), RPO(재난복구시점)인데, 블록체인에 저장된 데이터는 하나의 시스템이 파괴되더라도 다른 블록체인에 모든 자료가 저장이 되어 RTO가 네트워크 복구에 따라 달라지겠지만, 현재 금융감독원에서 정한 은행은 RTO 3시간, 보험사 24시간보다는 빠를 수밖에 없다.

블록체인의 네트워크 구성은 링형과 가장 유사한 형태라 할 수 있다. 모든 네트워크 장비들이 서로 원 같은 모양으로 연결이 되어 각 디바이스들은 직접 두 개의 다른 디바이스와 각각 양편에 연결이 된다. 링형 구성은 상대적으로 비용이 많이 들고 설치가 어렵지만, 높은 대역 폭을 제공하고 넓은 지역에 구현이 가능하다. 기술적 제약 때문에 링형은 구성이 어려웠는데, 블록체인이라는 개념으로 그러한 단점 비용이 많이 들고, 설치가 어려운 점을 극복한 것이다.

2. 한국의 블록체인 기술 개발

　과학기술정보통신부는 'ICT 연구개발 기술분류체계'를 전면 개편하고 처음으로 블록체인 분야를 신설했다. 정부의 새로운 ICT 연구개발 기술 분류 체계에는 차세대 블록체인 플랫폼, 디앱(DApp) 기술, 스마트 계약, 전자화폐 보안 등이 포함되었다.

　2019년 2월13일 과학기술정보통신부고시 제2019-10호로 개정된 정보통신·방송 연구개발 관리규정은 과학기술정보통신부 소관 법령에 따른 정보통신·방송(이하 'ICT'라 한다) 연구 개발 사업을 효율적으로 시행하기 위하여 필요한 세부사항을 정함을 목적으로 하고 있다.

　ICT 연구개발 기술분류체계는 정부의 ICT 연구개발 및 지원 기준으로 향후 블록체인 분야에 대한 정부 연구개발이 한층 활발해질 것으로 기대가 된다. 분류하였다는 것은 인정하였다는 것이기에 이제 정부 차원에서 기술 발달에 관심을 갖고 있다는 뜻이다.

　2019년 2월 19일 과기정통부는 '정보통신·방송 연구개발 관리규정'을 고시하고 시행에 들어갔다. 블록체인 기술이 처음으로 반영되었고

블록체인	블록체인 기반 기술	분산합의 기술
		분산원장 기술
		고성능 트랜젝션 처리 기술
		스마트 계약
		블록체인 네트워킹 기술
		블록체인 보안성
		블록체인 암호 기술
	블록체인 확장 기술	블록체인 구조
		차세대 블록체인 플랫폼
		블록체인 플랫폼 연동 기술
		블록체인 플랫폼 융합 기술
	블록체인 응용 지원	블록체인 서비스 지원 기술
		DApp 기술
		정책지원기술
		도메인별 특화 기술
	블록체인 관리	블록체인 회원관리
		블록체인 신뢰성 평가
		블록체인 개발환경

표 3-3 블록체인 기술의 종류 | 출처: 정보통신·방송 연구개발 관리규정

블록체인·융합이라는 ICT 기술 대분류가 만들어졌다. 또 중분류 기술에 블록체인이 들어갔다. 정부는 블록체인을 '블록체인 기반 기술', '블

록체인 확장 기술', '블록체인 응용 지원', '블록체인 관리' 4가지로 구분하였다.

정부가 블록체인을 ICT 연구개발 기술 분류 체계에 포함시킨 것은 블록체인의 중요성을 정부가 인식하고 있고 연구의 필요성을 느끼고 있다는 것을 나타낸다. 특히 영역의 하나로 블록체인을 넣은 것이 아니라 차세대 6대 주요 기술에 하나로 보고 블록체인 기술을 세부적으로 나눈 것은 블록체인 기술을 집중적으로 면밀히 육성하려는 뜻으로 풀이된다. 이에 따라 앞으로 정부는 블록체인 분야의 연구 및 기술 개발에 적극적으로 나설 것으로 보인다.

3.
블록체인과 암호화폐

　블록체인(Blockchain)이란 블록(Block)을 잇따라 연결(Chain)한 모음으로 블록에 일정 시간 동안 확정된 거래내역을 담는 일종의 장부를 말하는데 이러한 블록체인의 기술은 암호화폐에 많이 활용되고 있다. 블록체인 자체는 서로 꼬리표로 이어져 있는데 이 꼬리표끼리는 서로를 알 수 있지만, 이 꼬리표를 가진 실제 사람은 누구인지 알 수 없도록 된 설계된 구조가 암호화폐이다. '돈은 돈인데 꼬리표가 없는 돈' 이것이 암호화폐의 하나의 정의라 할 수 있다. 꼬리표가 없는 돈은 추적이 어려워서 자금세탁에 이용하기 좋다.

　현실세계의 돈은 항상 꼬리표를 가지고 이동한다. 이 꼬리표를 통해 돈이 어디서 온 것인지를 찾을 수 있는데, 불법으로 돈을 쓰려는 사람들의 경우는 돈의 꼬리표를 없애려고 한다. 이것을 막는 것이 자금세탁방지라 할 수 있다.

　기존의 금융기관은 중앙에서 금융기관이 고객과 고객을 연결하고 그 수수료 네트워크를 구성하여 업무를 처리하였지만, 블록체인은 별도의 기관이 없어 사용자들의 자발적인 참여가 중요하고, 자발적인 참여를 한 경우에도 보상을 해주어서 자발적인 참여가 원활하도록 구성되어 있다. 자발적인 참여는 사실 쉽지 않은 일이기에 누군가 반드시 일을 해야 하고 그에 대한 보상을 암호화폐로 지급하는 것이다. 사람들과 연결하는 방법이 블록체인, 그 블록체인을 구성하도록 구성원들이 자발적으로 업무를 할 때 보상을 암호화폐로 한 것이다.

다시 요약하자면 블록체인은 탈중앙화 기술이며 중앙에서 하던 일을 여럿이 나누어서 해야 한다. 그리고 그 일을 할 사람들이 반드시 있어야 한다. 그래서 사람들의 참여를 유도하기 위해 암호화폐를 준다는 것이다. 우리가 알고 있는 비트코인이나 이더리움이 이러한 암호화폐로 활용된다. 하지만 블록체인의 종류에 따라서 보상이 없는 블록체인이 존재하는데, 이를 프라이빗 블록체인이라 하며 그중 대표적인 Hyper ledger는 리눅스 재단에서 주관하는 프로젝트이다. 프라이빗 방식은 기존의 퍼블릭 방식과는 다르게 채굴 과정을 통한 해시 파워 경쟁은 없지만, 여러 서버에 분산 데이터를 저장함으로써 보안을 강화 시킬 수 있는 장점이 있다. 또 데이터 처리 비용이 적고 네트워크 속도가 빠른 장점이 있어 기업형 솔루션으로 적합한 블록체인 기술이다.

세계 최대 유통 기업인 월마트는 식재료의 생산과 유통 과정 전체에 블록체인 기술을 적용하여 실시간으로 위생 상태를 점검할 수 있는 데이터 저장 방식을 도입하고 있는 중이다. 국내는 삼성 SDS가 중고차 시장에 위조가 불가능한 프라이빗 블록체인 기술을 적용하여 차량의 수리, 사고 상태를 한 눈에 확인하고 구입할 수 있는 중고차 이력

서비스를 진행 중이며 LG CNS에서는 모나체인을 출시하였는데, 이는 리눅스 재단이 주도하고 있는 블록체인 프로젝트 하이퍼레저 패브릭(Hyperledger Fabric)의 오픈 소스를 기반으로 사용자 친화적 기능과 다양한 서비스까지 추가하여 패키지화한 플랫폼이다. 보상이 거의 없는 프라이빗 블록체인도 기업에서 솔루션으로 출시를 하고 있다.

	퍼블릭 블록체인	프라이빗 블록체인
접근성	누구나	허가를 받아야 가능
속도	느림	빠름
신원	익명의 노드	확인된 노드
수수료	필수	필요하지 않거나 거의 없음
하드포크	가능	불가능
업그레디으	어려움	쉬움
탈중앙성	높음	낮음
합의 알고리즘	Pow,Pos,Dpos	BFT 계열
대표 암호화폐	비트코인, 이더리움	리플, Hyperledger
사용처	금융업무 활용	기업 업무 적용

표 3-4 블록체인 종류 | 출처: Ryan Kim 블로그에 추가 편집

4.
암호화폐의 종류

최초의 블록체인을 활용한 비트코인은 2008년 10월에 사토시 나카모토라는 가명의 프로그래머가 개발하여, 2009년 1월 프로그램 소스를 배포했다. 중앙은행 없이 전 세계적 범위에서 P2P 방식으로 개인들 간에 자유롭게 송금 등의 금융거래를 할 수 있게 설계된 비트코인이 발명되었다.

그 이후 10년이 지난 2019년 6월 페이스북은 비트코인과 같은 글로벌 코인이 아닌 암호화폐 '리브라 Libra'를 발표하였다. 공개된 백서에는 암호화폐 리브라, 리브라 블록체인, 리브라 협회, 리브라 적립금, 리브라 개발을 위한 전용 개발언어 Move까지 폭넓은 내용을 담고 있다.

백서에서 리브라를 '가치 변동성이 적은 코인'이라고 소개했다. 여러 외신을 비롯한 업계 전문가들이 리브라를 스테이블 코인(가치 안정화 코인)으로 보는 이유다. 페이스북이 발표한 리브라 백서에 따르면, 리브라 프로젝트는 전 세계 수십억 명의 일상생활 속 금융서비스를 충족시킬 수 있는 새로운 국제 통화와 금융 인프라 제공을 목표로 하고 있다.

현재 주요 암호화폐에는 비트코인, 이더리움, 리플, 비트코인캐시, 이오스, 가장 최근의 페이스북의 리브라 등 다양한 코인이 있다. 2018년 기준으로 전 세계 암호화폐는 약 1,600종이 존재하고 있다. 이를 해시넷에서 분류하였고, 거기에 리브라가 출시되면서 유명해진 스테이블 코인도 추가하였다.

구분	종류
비트코인 이전	비머니, 비트골드, 이캐시, 해시캐시
비트코인 계열	라이트코인, 모나코인, 버트코인, 비트코인, 비트코인골드, 비트코인다이아몬드, 비트코인에스브이, 비트코인캐시
이더리움 계열	레이든, 비트셰어(비트쉐어), 오에스티, 이더리움, 이더리움클래식
리플 계열	나노(레이블록), 리플, 모비우스, 스텔라루멘
플랫폼코인	클레이튼, 테조스, 트루체인, 하이콘, 하이퍼블록, 하이퍼캐시(에이치셰어), 해시그래프, 이오스, 이오스블랙
유틸리티 토큰	베이시스, 블록틱스, 블루웨일, 비에이치피캐시(BHP캐시), 비체인, 센티넬프로토콜, 솔트코인
결제코인	다빈치코인, 더블유플러스, 델리오, 레드코인, 리브라, 오미고
프라이버시 코인	그린코인, 대시, 머큐리, 모네로, 바이트코인, 버지, 불윅, 스마트캐시, 스타크웨어, 지캐시(제트캐시)
증권형 토큰	더마이다스터치골드(TMTG), 디직스다오, 레이븐코인, 리트(LIT), 바이텀, 아이하우스토큰, 지르코인, 티제로
게임 토큰	게임닷컴(GTC), 게임엑스코인, 디마켓, 디센트럴랜드, 디지바이트, 레이드, 룸네트워크, 모스코인, 엔진코인

콘텐츠토큰	드림캐쳐토큰, 디튜브, 모스트코인, 뮤지카, 미스릴, 스노우닥, 스노우메이커스, 스타시아, 스타체인, 스토리체인, 스팀, 스페로, 식스, 심토큰, 쎄타, 아소비, 에듀해시
데이터토큰	덴타코인, 덴트, 레이팃, 리베인, 리빈, 리퍼리움, 림포, 메디블록, 베이직어텐션코인, 블루젤, 세이프인슈어, 솔브케어, 스테이터스네트워크토큰(SNT)
사물인터넷	뉴클리어스비전, 러프체인, 린피니티, 아이오타, 아이오티체인, 에스디체인, 에이치닥, 월튼체인
분산클라우드	골렘, 디피니티, 메이드세이프코인, 블록스택, 비트토렌트토큰, 서브스트라텀
거래소코인	게이트체인, 넥시, 데이, 덱스코인, 레일, 루프링, 리퀴드코인(QASH), 링크코인, 바이낸스코인, 방코르토큰, 비센트토큰, 비트소닉코인, 빅스, 빗썸코인, 에프티코인(FT코인)
국가·지역	경북코인, 노원화폐, 서울코인, 페트로, 우체국 페이
스테이블코인	리브라, 텐더, TrueUSD, 비트쉐어, PHX 코인

표 3-5 암호화폐 종류 | 출처: 해시넷 자료에 스테이블 코인 추가 정리

해시넷의 자료에는 대표적인 법정화폐를 담보로 하는 스테이블 코인인 테더(Tether)가 거래소 코인으로 분류하고, 법정통화가 아닌 암호화폐 가치를 담보로 하는 비트쉐어도 이더리움 계열로 분류하였다. 오직 코인의 유통량이 조절하여 코인의 가격이 유지되는 무담보 코인인 Basis는 유틸리티 토큰으로 분류하였다.

사실 암호화폐의 분류에 대한 기준이 정립된 것은 없고, 관점의 차이에 따라서 분류가 가능하다. 또한, 이 책을 쓰고 있는 시점에도 계속 새로운 암호화폐가 생성되고 있어서 완벽한 암호화폐의 종류를 나누는 것은 어려운 일이다.

5.
토큰과 코인

　블록체인의 가치를 말하기 위해 사용되는 두 용어로서 코인과 토큰을 꼽을 수 있다. 암호화된 코인과 토큰이라는 용어는 같은 의미로 자주 사용되기도 한다. 둘의 의미와 사용법은 상당한 부분이 겹치기도 하지만 실제로는 차이점을 가지고 있다. 기존 블록체인 기반으로 만들어지면 토큰이라 부르고 자체 블록체인을 갖게 되면 비로소 코인이 되는 것이다.

　EOS는 3세대 블록체인을 표방하는 이오스(EOS) 메인넷이 2018년 6월 3일 출범하였다. 그간 이더리움 기반 애플리케이션(dapp)이던 이오스가 비트코인, 이더리움, 리플 등과 같이 독자 생태계를 구축하게 된 것이다. 즉, 토큰에서 코인으로 변경이 된 것이다. '코인 > 토큰'의 관계로 보아야 할 것이다. 메인넷이 계속 나오는 데, 메인넷을 구성 한다는 것은 자식이 부모로부터 벗어나 독립된 가정을 가지고 독립된 생활을 할 수 있는 거라 생각하면 된다.

	토큰	코인
정의	독립된 블록체인 네트워크를 소유하지 않은 경우 토큰	독립된 블록체인 네트워크
대표적	비트코인, 이더리움, 퀀텀	이오스, 트론
비유	부모	자식
용도	포괄적, 지불, 결제 수단 외에도 모든 것에 사용 가능하다	지불수단, 현금처럼 사용하는 화폐

표 3-6 토큰과 코인의 비교

    토큰은 부모의 그늘아래 생활하는 것이고, 코인은 아이가 자라서 완전히 독립된 가정을 이루어서 자신만의 가정을 꾸려서 이 일도 하고 저 일도 할 수 있는 구조가 되었다는 것이다. 즉, 화폐의 영역이 될 수도 있고, 자산의 기능 및 물류의 기능 등 다양한 영역에서 활용이 될 수 있다는 의미이다.

    오늘날 전 세계 토큰의 표준인 ERC-20(Ethereum Request for Comment) 토큰의 경우 이더리움 네트워크 블록체인을 기반으로 하는 DAPP(Decentralized Application, 탈중앙화 응용 프로그램)에서 사용할 수 있는 토큰을 의미한다. 넓은 의미에서 화폐뿐만 아니라 자산의 기능도 한다.

    퀀텀의 경우 처음에 ERC-20에서 출발했다. 이더리움 네트워크 블록체인을 기반으로 토큰의 형태로 출시되었으며, 토큰을 통해 자금을 모집하고 이 자금을 활용하여 독립된 네트워크 개발 및 마케팅 비용에 집행하였다. 나중에 퀀텀은 독립된 네트워크를 구축하였고(메인넷 진출)

스왑을 통해 퀀텀 토큰에서 퀀텀 코인으로 바뀌었다.

　블록체인의 세계에서는 빠르게 기술이 발전하며 개념과 용어에 대한 정의도 계속 바뀌고 있다는 점을 알고 항상 최신의 정보를 파악하는 것이 중요하다.

6.
유틸리티 토큰, 증권형 토큰, 지불형 토큰

미국의 FINRA는 월스트리트의 자율규제기관인 금융산업감독기구(FINRA, The Financial Industry Regulatory Authority)이다.

SEC(Securities and Exchange Commission)은 1934년 미국 정부가 자본시장의 질서 확립과 규제를 위해 설립한 준사법기관이다. 흔히 영어 약자로 'SEC(증권거래위원회)'라고 쓴다.

FINRA는 기업이 신청하는 브로커딜러 라이센스를 심사하고 허가 여부를 정하는 비영리 단체이다. 이는 금융 기관들이 자율적으로 구성한 기구로, SEC의 감독을 받는다. 수탁 기관이나 대체거래시스템(ATS)을 취급하는 업체가 되기 위해서도 브로커딜러 라이센스를 받아야 하므로, FINRA를 거쳐야 한다. 이런 FINRA에서도 블록체인 관련해서 토큰을 분류하고 AML(자금세탁방지) 적용 대상인지도 정의하고 있다.

	지불형 토큰	유틸리티형 토큰	증권형 토큰
정의	상품이나 서비스의 결제 수단으로 사용하는 토큰	교환 수단이 아닌 특성 App이나 서비스를 이용하기 위해서만 사용	토큰을 구입한 투자자가 기대 수익을 예상하여 투자자가 아닌 제 3자에 의해 운영되고 배당금을 통해 수익을 약속하는 경우
대표코인	비트코인, 라이트코인	이더리움	기존주식, 부동산 등 모든 자산
AML 적용	적용대상	비적용 대상	

표 3-7 FINRA의 토큰 분류

암호화폐 전문 미디어 코인데스크(coindesk)에 따르면, 영국 금융당국인 금융행위감독청(FCA)이 2019년 7월 31일 암호화 자산 관련 가이드라인 최종안을 발표했다.

> 2.5 In line with the Taskforce, we have categorised cryptoassets into three types of tokens;
> - **Exchange tokens**: these are not issued or backed by any central authority and are intended and designed to be used as a means of exchange. They are, usually, a decentralised tool for buying and selling goods and services without traditional intermediaries. These tokens are usually outside the perimeter.
> - **Security tokens**: these are tokens with specific characteristics that mean they meet the definition of a Specified Investment like a share or a debt instrument (described in more detail in Chapter 3) as set out in the RAO, and are within the perimeter.
> - **Utility tokens**: these tokens grant holders access to a current or prospective product or service but do not grant holders rights that are the same as those granted by Specified Investments. Although utility tokens are not Specified Investments, they might meet the definition of e-money in certain circumstances (as could other tokens), in which case activities in relation to them may be within the perimeter.

그림 3-4 FCA의 토큰 분류

이를 통해 FCA는 규제 대상에 어떤 종류의 토큰이 포함되는지 명확한 기준을 제시했다. 비트코인, 이더리움 같은 '거래용 토큰(exchange tokens)'은 자금세탁방지 규정이 적용되기는 하지만 FCA의 규제를 받지 않는다. 또한, '증권형 토큰(security tokens)'의 정의와 각 행위자들의 권리 및 의무가 명시됐으며, '특정 투자(specified investment)'에 포함되어 FCA의 규제를 받는다.

7.
자금추적이 어려운 프라이버시 코인

　블록체인과 암호화폐는 동일어인 듯 쓰이고 있으나, 블록체인은 사람들 간, 기업 간 혹은 사람과 기업 간의 거래를 구성하는 방법을 말하고, 블록체인이라는 방법을 이용하여 가상의 화폐를 구현한 것이 암호화폐라 할 수 있다. 가상의 화폐는 이전에도 많이 있었고, 지금도 우리 삶에 존재하고 있다. 해피머니, 통신사 포인트, 카드사의 포인트 이런 것들이 가상 화폐라 할 수 있다.

　사람들 간의 모든 거래를 원장에 기록하고 그 기록을 모든 사람이 공유하는 것이 블록체인이다. 자금 세탁에 민감한 사람들은 자금이 추적되지 않기를 바라며 거래 내역을 추적하기 어렵게 만든 그러한 코인을 '프라이버시 코인' 혹은 '다크코인'이라 부른다. 모네로, 대시, 지캐시가 대표적인 다크코인이다.

　2018년 6월 일본 금융당국은 모네로, 대시 등 거래 내역을 추적하기 힘든 '다크코인'의 거래를 막는 방안을 고려하였는데 이는 자금 세탁, 탈세 등 악용의 우려 때문이다.

2018년 5월 30일 가상통화 전문매체인 코인텔레그래프에 따르면 일본 금융청(FSA)이 업계 전문가들을 불러들여 이 같은 '다크코인'의 거래 금지를 논의했다고 보도하였다. 익명의 관계자는 한 외신과의 인터뷰를 통해 "이날 회의에서 다크코인 거래 금지에 대해 심각하고 진지하게 논의됐다"고 밝혔다.

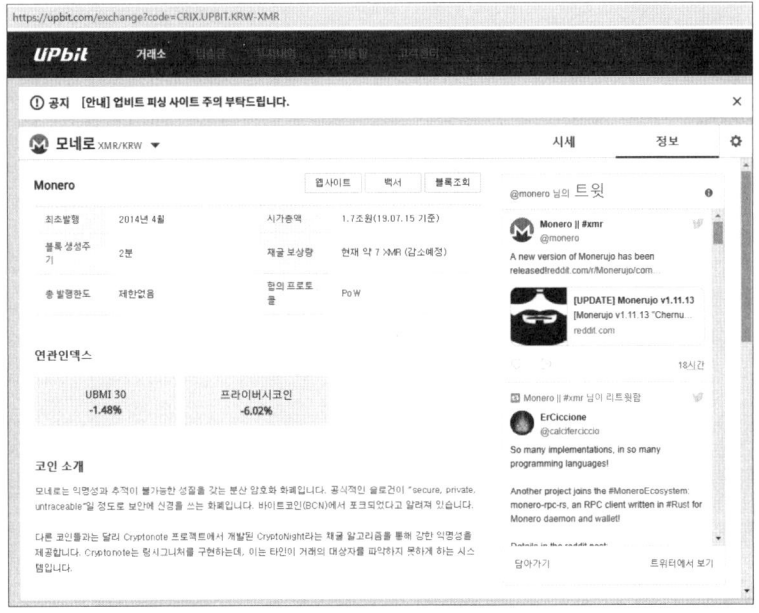

그림 3-5 업비트의 모네로 안내 페이지

'다크코인'은 네트워크 익명화 처리를 통해 거래 기록을 추적하기 어렵고, 송금처를 알 수 없다.때문에 자금세탁이나 탈세에 악용될 가능성이 있다는 지적을 받고 있다. 대표적으로 모네로, 대시, 제트캐시 등이 있다.

특히 모네로는 잔액 및 거래내역을 추적할 수 없을 정도로 가장 안전하게 익명성을 보장해 준다. 모네로를 이용하면 사이퍼 펑크가 꿈꾸던 완전한 익명성에 기반한 금융 거래가 가능하고, 전 세계의 마약류 거래나 사이버 범죄자들 사이에서 결제수단으로 사용되는 부작용도 있다. 이는 북한의 자금 마련에 악용되고 있다는 의혹을 꾸준히 받고 있다. 실제로 올해 초 미국의 보안업체 에어리언볼트는 모네로를 채굴한 뒤 북한 김일성대학 서버로 보내도록 하는 악성코드를 발견하기도 했다.

8.
스테이블 코인의 종류

해시넷의 자료에는 대표적인 스테이블 코인인 테더(Tether)가 거래소 코인으로 분류하고, 비트쉐어도 이더리움 계열로 분류하였다. 그 분류가 틀린 것은 아니다. 분류라는 것은 기준에 따라서 충분히 달라 질 수 있기 때문이다.

무담보 스테이블 코인은 코인의 가격으로 페그(Peg)된 자산과의 교환비율이 변동됨에 따라 알고리즘이나 시스템에 의해 오로지 코인의 유통량이 조절됨으로써 코인의 가격이 유지되는 가격 안정 암호화폐(Price stable cryptocurrency)이고 대표적으로는 Basis라 할 수 있다.

구분	법정화폐 가치 담보	가상화폐 가치 담보.	무담보 스테이블 코인
대표 코인	테더, 리브라, PHX 코인	비트쉐어	Basis
비고	PHX(2019.7.31 필리핀 유니온뱅크 출시)	스마트 코인으로 가격 변동성 해결	Basecoin, Bond token, Share token 으로 구성

표 3-8 스테이블 코인 분류

무담보 Stable coin인 Basis는 수요의 크기에 맞춰 코인의 유통량을 조절함으로써 목표가격(Target Price)를 유지할 수 있도록 설계가 되어 있다.

> **Basis: A Price-Stable Cryptocurrency with an Algorithmic Central Bank**
>
> Formerly known as: Basecoin
>
> Nader Al-Naji (n@intangiblelabs.co), Josh Chen (j@intangiblelabs.co), Lawrence Diao (l@intangiblelabs.co)
>
> Version 0.99.7
> First published: June 20, 2017
>
> For the most updated version, see:
> www.basis.io

그림 3-6 스테이블코인 Basis 백서

Stable coin은 어디까지나 초기 실험 단계일 뿐이며 아직 그 어떠한 것도 이 문제를 완벽히 해결할 수는 없다. 비록 Stable coin이 가격 변동성 문제를 해결하기 위한 궁극적 해결책이 아니더라도, 우리는 다양한 실험과 도전을 계속해야 한다.

2019.7.31 필리핀 유니온뱅크는 스테이블 코인인 PHX를 출시하였고, 일본은 도쿄 올림픽을 앞두고 스테이블 코인 발행을 적극적으로 독려하고 있다. 2019년 3월 일본 대형금융그룹인 미즈호 은행이 엔화와 연동되는 J코인을 발행해 시범운영을 시작했다.

이는 암호화폐가 사람들에게 그 가능성과 가치를 인정받아 현실에서 상용화되기 위해서는, 가격변동성 문제에 대한 해결이 먼저 이루어져야 하기 때문이다.

9.
스테이블 코인 페이스북의 리브라

페이스북은 2020년 리브라(Libra)라는 가상통화를 발행하여 송금 및 결제 서비스를 추진하고 있다. 리브라는 결제 코인으로 분류가 되고 스테이블 코인으로도 분류가 된다.

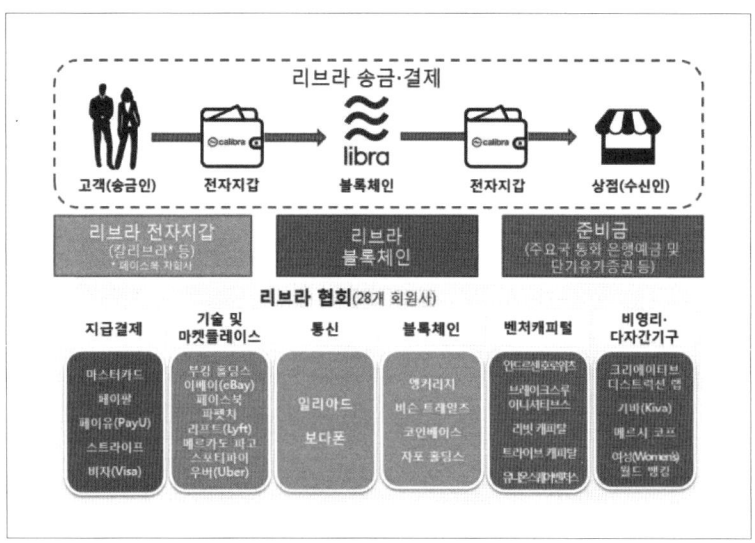

그림 3-7 가상통화 리브라(Libra) 구조 | 출처: 금융위원회

리브라라는 명칭은 파운드(pound)와 같이 고대 로마의 무게단위인 '리브라 폰도(Libra pondo)'에서 유래되었다고 한다.

리브라 보고서의 구조도를 보면 고객은 법정 화폐를 입금하여 리브라를 구매하고 전자 지갑에 저장, 활용하도록 되어있다. 리브라 블록체인으로 가상통화 리브라가 사용하는 블록체인 기술은 협회 회원사들만 가능한 허가형으로 private 블록체인이다, 비트코인, 이더리움 등의 퍼블릭 블록체인이 아니기에, 리브라 블록체인은 채굴 과정이 없는 BFT(Byzantine Fault Tolerant, 비잔틴 장애 허용) 알고리즘을 사용하고 있다.

프라이빗 블록체인이기에 참가사만 가능하며 비영리 조직으로 설립 (스위스 제네바 소재)하였다. 지리적으로 분산된 다양한 기업, 비영리·다자 간 기구 등 구성되어 있으며, 페이스북, 비자, 마스터카드, 이베이, 페이팔, 우버, 리프트, 보다폰 등 28개 기업으로 리브라 협회를 구성하였다. 리브라 관련 최고 의사결정 권한은 협회에 있으며, 페이스북은 협회의 안정화 이전까지만 핵심적 역할을 수행한다.

표 3-9는 금융위원회의 리브라 이해 및 관련 동향에 필자가 항목을 추가 편집한 표이다.

리브라는 기존 가상통화의 문제를 해결, 현재 어떤 가상통화보다 상용화 성공 가능성이 높은 것으로 평가가 되고 있다. 리브라 등 블록체인 활용성에 대한 기대감 증가로 대표적 가상통화인 비트 코인의 가격이 최근 1만 달러를 돌파(2019년 6월25일)하고 있다. 또한, 미국에서는 청문회가 열리는 등 다양한 위협에 처해있기도 하다.

리브라는 스테이블 코인으로서 가격 변동성이 제한되므로 일반적인 가상 통화가 높은 가격 변동성으로 지급 수단 활용이 곤란한 점을 보완한 것이다. 페이스북은 다수 이용자수를 확보한 플랫폼 사업자이며 여러 분야의 글로벌 기업과 협회 구성하여 범용성 확보 가능한 것이 가장 큰 장점이라 할 수 있다. 하지만, 기존 금융시스템에 영향이 너무나 커서 실제 사용까지 이를 수 있을지는 아직 미지수이다.

구분	리브라	비트코인 등	선불전자지급수단
법적근거	-	-	전자금융거래법
기술기반	프라이빗(허가형) 블록체인	퍼블릭(비허가형) 블록체인	기술 중립적 (통상 중앙 집중형)
노드수	28 → 100개	약1만 개	1개(중앙집중형)
가치	준비금으로 가치보당 (보장 매커니즘 불명확)	내재적 가치 없으며 취급업소 등 수요, 공급으로 결정	기록된 법정통화 금액에 상당(1:1)하는 가치를 보장(환급의무부여)
취득방법	1) P2P 거래 2) 취급업소 통한 매입 3) 회원사를 통한 상품 및 용역 제공*의 대가로 지불 받을 것으로 추정 * 이베이 판매자, 우버 드라이버 등	1) P2P 거래 2) 취급업소 통한 매입 3) 채굴	발행자(전자금융업자)로부터 취득 (발행자와의 약정에 따라 양도 가능)
사용처	리브라 협회 회원사 추가를 통해 사용처 확대 추진	일부 on-off 상거래 (사용처 확대 추진 주체 없음, 자발적)	발행자(전자금융업자)가 가맹점을 모집
무기명	무기명	무기명	50만 원 이하 무기명 가능
한도	-	-	200만원까지

표 3-9 리브라, 비트코인, 선불전자지급수단 비교표

10.
DeFi(탈중앙화 금융시스템)

 블록체인 기술이 적용 영역을 넓혀감에 따라 금융 산업도 이 물결을 피해갈 수 없게 되고, 금융에도 탈중앙화 바람이 불었다.
 디파이(DeFi, Decentralized Finance)라는 이름으로 불리는 탈중앙화 금융 시스템인 디파이는 기존 금융산업에 블록체인과 암호화폐가 최신 핀테크 기술을 복합적으로 적용한 탈중앙화 금융시스템을 말한다. 결제와 해외송금부터 대출, 펀드 등 다양한 금융상품까지 암호화폐를 활용해 기존 금융업을 혁신할 수 있다는 기대감에 계속 주목 받고 있는 분야이다. 디파이의 미래는 어느새 우리에게 성큼 다가오고, 전 세계적으로 화두가 되고 있다.
 디파이는 크게 두 가지 특징으로 구성되어 있다.
 첫째, 기존 금융 시스템에서 제공하는 다양한 금융상품을 크립토인 암호화폐 기반으로 지원하는 것이다.
 둘째, 특징은 이런 금융업무가 중앙화 시스템이 아닌탈 중앙화된 시스템으로 구성되었다는 것이다.

기존에 중앙화 된 금융기관의 시스템으로 절대적 신뢰가 필요한 금융기관을 통해서 제공되던 것이 이더리움에서 최초 만들어진 개념인 스마트계약(Smart Contract)과 블록체인의 기술적 투명성, 무결성을 활용해서 탈 중앙화되어 제공되는 것이 디파이의 특징으로 보아야 할 것이다.

유튜브를 통해 방송을 접할 수 있듯이, 손쉽게 금융 서비스를 이용할 수 있는 기회가 열려가고 있고, 인터넷 접속만 되고 암호화폐를 전송할 수 있으면 디파이를 통해 손쉽게 금융 서비스를 사용할 수 있게 되는데, 바로 페이스북 주도의 스테이블 코인인 리브라가 디파이의 대표적인 주자 중 하나로 보아야 할 것이다.

리브라가 시장에 아직 나오지 않았다면 현재 나와있는 스테이블 코인 중 가장 대표적인 다이는 암호화폐 이더리움(ETH)을 기반으로 개발이 되었다. 사용자는 이더리움을 담보로 다이를 생성할 수 있으며, 다이를 돌려주고 이더리움을 되찾을 수도 있다. 다이 가격도 이더리움 양을 통해 1달러 선으로 유지된다. 다이 가격이 1달러 이하로 떨어지면 더 많은 이더리움을 담보로 맡겨야 하므로 다이의 수요가 줄고, 다이의 공급량도 줄면서 가격이 다시 올라가는 방식이다. 반대로 다이 가격이 1달러 이상으로 올라가면 더 많은 사람들이 다이를 생성할 것이므로 가격은 다시 떨어지게 된다. 수요공급이 제대로 반영되지 않을 경우를 대비해 자동화된 시스템도 함께 마련되었다. 담보대비 생성 가능한 다이의 목표값을 조정, 다이 생성 시 맡겨야 할 이더리움의 수를 상황에 맞게 변경하는 시스템이다.

전 세계적으로 유명한 Defi 시스템에 대해서 대표적으로 몇 가지만 예를 들었다.

이름	정의	비고
DAI	이더리움 기반의 스테이블 코인	
Augur	이더리움 기반 세상에서 일어나는 일에 대한 예측으로 내기를 할 수 있는 플랫폼	
리플	전 세계 은행들이 자금 송금하기 위해 사용하는 프로토콜 겸 암호화폐	
DXM	암호화폐를 담보로 대출	업비트의 자회사

표 3-10 디피이 사례

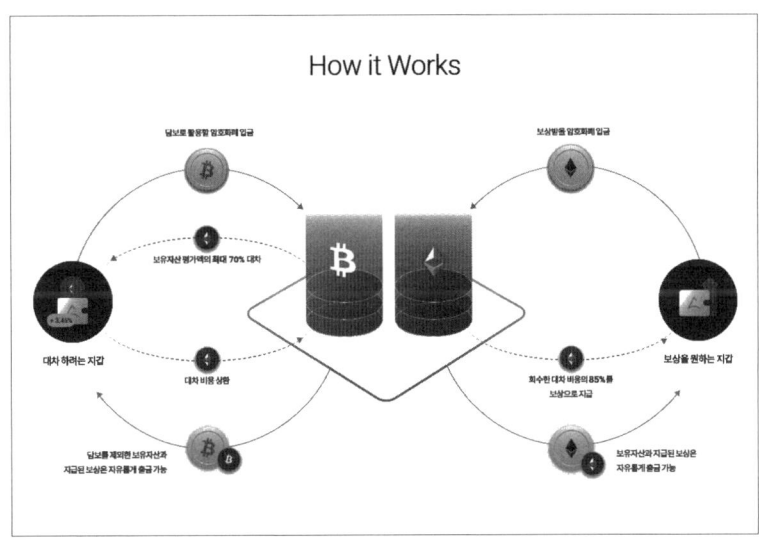

그림 3-8 트리니토 블록체인 보상지갑서비스

표 3-10의 서비스가 Defi를 대표하지는 않는다. 오늘에도 Defi는 계속 새로운 서비스를 내고 발전을 하고 있다.

11.
커스터디(디지털자산 수탁사업)

오랜 옛날부터 사람은 금, 귀중품, 부동산, 예술작품, 주식 등 다양한 방법으로 부를 축적해왔다. 이들은 대부분 물리적인 자산으로, 효율성과 접근성을 향상시키기 위해 대규모의 중앙화된 보관시스템(커스터디)이 구축되어 왔고 근래에는 고객의 자산을 위임 받아 운용하는 전통 금융시장에서 커스터디가 비약적으로 발전을 해왔다.

커스터디는 쉽게 말해 금융기관이 고객의 금융 자산을 대신 보관 및 관리해주는 것으로 자산보관과 더불어 매입·매도를 대행하기도 한다. 투자자들 입장에서는 직접 자산을 관리할 필요가 없고 외부 도난과 사고에서 자유로울 수 있어 상대적으로 안전한 투자가 가능한데 비트코인과 같은 암호화폐도 자산의 가치를 지니게 되면서 블록체인을 통한 커스터디 서비스도 금융의 영역에서 활성화가 되고 있다.

암호화폐 커스터디 서비스도 비슷한 개념이다. 커스터디 서비스를 통해 기관들이나 거래소, 자금을 모집한 프로젝트들은 암호화폐 관리나 외부 도난, 해킹으로 인한 손실 등을 예방할 수 있다.

회사	내용
코인베이스	비트코인, 이더리움, 라이트코인 등 지원, 10억 달러
셔틀 홀딩스	IBM 프라이빗 클라우드 암호화 기술 활용
힐스톤 파트너스	중국 블록체인 업체 BEPAL 제휴
KB국민은행	소프트웨어 기반 커스터디 서비스 개발사 아톰릭스랩 제휴

표 3-11 국내외 커스터디 회사

 전 세계적으로는 미국의 가상자산 거래소 코인베이스(Coinbase)가 공식적으로 코인베이스 커스터디(Coinbase Custody) 서비스를 2018년 7월에 시작하여 12개월 말에 10억 달러 자산을 돌파하였다.

 국내 대표 은행인 KB국민은행은 2019년 6월 10일 아톰릭스랩과 블록체인 기반 디지털자산관리 기술협약을 체결하였다. 아톰릭스랩은 금융, 블록체인 설계, 수학 분야의 전문가들이 모인 블록체인 전문기업으로 최근에는 차세대 암호 기술을 이용한 블록체인 기반의 디지털자산 보호기술 개발에 집중하고 있는 회사이다.

 두 회사는 디지털자산 보호기술과 스마트컨트랙트 적용 방안 등을 공동으로 연구하면서 디지털자산 분야의 신규 사업 발굴에 적극 나서기로 했다. 또한, 아톰릭스랩의 혁신 기술과 KB국민은행의 내부통제 인프라 및 정보보호 기술을 결합한 디지털자산관리 서비스도 개발할 예정이다. 더불어 양사는 블록체인 네트워크와 금융과의 연관 생태계 조성에도 상호 협력하기로 했다.

 커스터디 서비스는 크립토 금융이 성장을 이어가는데 필요한 안전장치가 될 것이라 생각한다. 암호화폐 시장에서 블록체인이 개인에게 탈중앙화를 통해 자산관리의 자율성과 책임을 부여하였다면, 커스터디는 자산가들과 일반인들에게 시장의 신뢰 기반을 구축하는 역할을 담당하여 꾸준한 성장이 예상되는 분야이다.

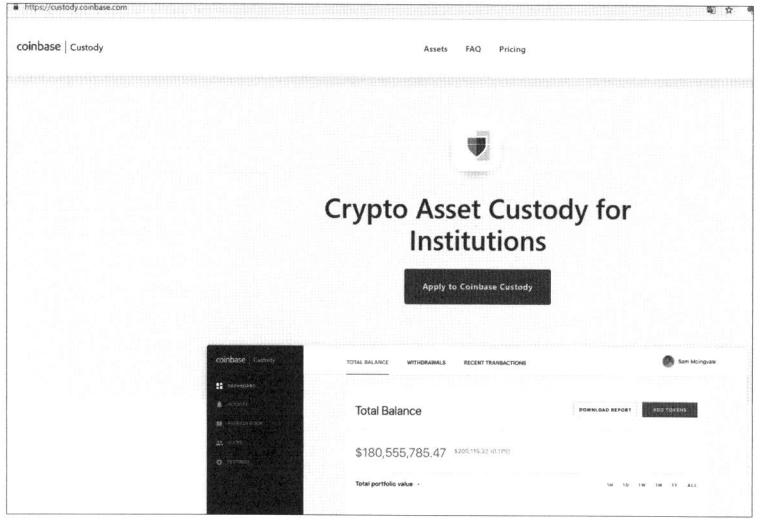

그림 3-9 코인베이스의 커스터디 서비스 페이지

12.
블록체인을 이용한 해외송금

 2017년 7월 정부는 은행이 아닌 소액 해외송금업자에게도 해외송금을 허용하였고, 최초 연간 3만 달러의 한도에서 2019년부터는 5만 달러의 송금이 가능하도록 한도를 늘렸다.
 블록체인을 활용한 해외송금에 대해서 정부는 아직 승인을 하지 않고 있다. 암호화폐 가상자산취급소와는 또 다른 블록체인 규제의 축이라 할 수 있다.
 블록체인 기반 소액 해외송금 사업자인 모인의 샌드박스 규제심사는 2019년도에 정보통신기술(ICT) 규제 샌드박스 3차 심의 안건에서 또 제외되었다. 과기정통부뿐만 아니라 금융위원회, 기획재정부 등 관계 부처의 통합된 기준이 필요하다는 이유였다. 모인의 암호화폐를 활용한 해외송금 서비스는 2019년 2월 1차 심의부터 이번 3차 심의까지 안건에 오르지 못하면서, 4개월째 논의가 미뤄지고 있다.
 과기정통부는 2019년 3월에 열린 '제2차 신기술·서비스 심의위원회'에서 "블록체인 기반 소액 해외송금 서비스(모인)는 금융위원회의

'금융 규제 샌드박스' 과제와 통합된 기준의 심사가 필요해, 추후 관계 부처와 논의해 처리하기로 했다"고 밝히며 모인의 심사를 미뤘다. 하지만 코인원의 자회사 코인원트랜스퍼의 크로스는 현재 리플의 엑스커런트 솔루션을 통해 해외송금 서비스를 제공하고 있다. 엑스커런트는 기존 해외송금에 활용되던 국제결제시스템망(SWIFT)을 대체할 수 있는 블록체인 기반 해외송금 솔루션으로 전 세계 120여 개 금융기관이 참여 중이다.

국제 송금 글로벌기업인 머니그램(MoneyGram)이 2019년 7월 xRapid 활용의 시험 테스트를 마친 후, XRP기반 국제 결제 플랫폼인 xRapid를 출시한 것으로 확인되었다.

리플의 xRapid가 200개 이상의 국가에 347,000개의 지점을 가지고 있는 미국기반의 머니그램에 실제로 활용된 플랫폼을 출시했다는 점은 분명 XRP가 실제 리플의 영역에서 가장 적합한 스왑 암호화폐라는 점은 부인할 수 없다.

미국의 머니그램이 블록체인으로 해외송금 사업에 뛰어들었다. 이제 블록체인의 해외송금도 전 세계적으로 상용화가 멀지 않았다고 생각한다. 한국에서도 블록체인의 자금세탁방지 정책이 안정화되면 블록체인을 이용한 해외송금도 곧 활성화될 것이라고 기대한다.

회사	해외송금 라이센스	송금 서비스	플랫폼	비고
모인	2018-2호 소액해외송금 사업자	일본,중국,미국, 싱가포르, 영국 등 총 27개국	OpenApi	금융위 규제 샌드박스 4차 보류
코인원 트랜스퍼	2018-11호 소액해외송금 사업자	태국,필리핀,네팔, 인도네시아 등 총 10개국	Xcurrent (기존 은행 송금시스템에 리플넷 적용)	코인원 자회사
블루팬넷		특허 '리스크 관리 기능을 포함하고 암호화폐를 이용하는 해외송금 시스템 및 방법'	Remit 플랫폼	2015년 해외송금 시작
핑거	2017-7호 소액해외송금 사업자	베트남, 캄보디아, 태국, 인도네시아 등 6개국	OpenApi	스텔라 블록체인 Mou
머니그램	국제 송금 글로벌기업	전 세계 200개국 송금	xRapid	리플의 XPR연계
라이트넷	태국 금융업 라이센스	한국, 베트남 송금 위해 준비	스텔라 블록체인	송금 서비스 VELO

표 3-12 블록체인 해외송금 회사 비교표

Chapter 4.

핀테크

Anti Money Laundering

일반적으로 '핀테크(Fintech)'란 '금융(Finance)'과 '기술(Technology)'의 합성어로, 이들이 결합된 서비스 또는 해당 서비스 산업을 말한다.

필자가 정의하는 핀테크는 금융업무(은행, 증권, 카드, 대출 등)의 오프라인에서 이루어지는 업무이다. 금융기관에 가지 않고 온라인 비대면 인증을 통한 은행 계좌 개설, 대출, 증권 계좌 개설 같은 업무 처리하는 것을 핀테크라고 정의하고 싶다.

> 핀테크(FinTech)는 Finance(금융)와 Technology(기술)의 합성어로, 금융과 IT의 융합을 통한 금융서비스 및 산업의 변화를 통칭한다.
>
> 금융서비스의 변화로는 모바일, SNS, 빅데이터 등 새로운 IT기술 등을 활용하여 기존 금융기법과 차별화된 금융서비스를 제공하는 기술기반 금융서비스 혁신이 대표적이며 최근 사례는 모바일 뱅킹과 앱카드 등이 있다. 산업의 변화로는 혁신적 비금융기업이 보유 기술을 활용하여 지급결제와 같은 금융서비스를 이용자에게 직접 제공하는 현상이 있는데 해외에는 애플페이, 알리페이, 국내는 카카오페이가 예로 들 수 있다.
>
> 핀테크라는 용어를 가장 빈번하게 사용하는 영국의 경우, 기술기반 금융서비스 혁신을 전통 핀테크(TraditionalFintech)로, 혁신적 비금융기업의 금융서비스 직접 제공을 신생 핀테크(Emergent Fintech)로 정의한다.
>
> 출처: 금융위원회 금융용어사전

핀테크의 형태도 크게 전통적인 핀테크와 새롭게 기술이 발전하면서 새로운 금융서비스를 제공하는 핀테크, 레그테크, 빅테크로 분류되며 이를 비교하면 아래와 같다.

구분	전통적 핀테크 (Traditional Fintech)	핀테크 (Emergent Fintech)	레그테크 (Reg-Tech)	빅테크 (Big-Tech)
목적	기존 금융 서비스의 효율적인 개선 (대형 IT 기업, 조력자 역할)	기존 금융기관을 우회하거나 기술을 통해 소비자의 새로운 금융 서비스 수요 충족 (스타트업)	금융회사가 인공지능(AI)·빅데이터 등의 기술을 활용해 내부 통제를 하고 규제를 지키도록 돕는 혁신적 기술을 뜻한다.	전자상거래, 소셜미디어 등 비금융 플랫폼을 보유한 빅테크(Big-Tech) 기업
주요 기업	IBM(IT 솔루션) SunGuard(금융소프트웨어) Infosys (IT 하드웨어)	Paypal(지급결제) Lending Club(P2P대출) TransferWiser (해외송금)	Trunomi(개인정보이슈해결), 옥타(자금세탁방지), 코스콤(금융투자 컴플라이언스)	페이스북(리브라), 알리바바(알리페이), 구글(P2P대출)
인프라	기존 금융 인프라 유지, 보수, 단순 지원 업무	기존 인프라를 그대로 사용하거나 완전히 대체(후자의 경우 위험이 따르나 성공할 경우 높은 수익 보장)	기존 금융 인프라 유지하고, 규제, 내부통제 업무 지원	비 금융 플랫폼을 활용
수익 모델	거래비용 절감, 라이센스 비용등	기본적인 수익 이외 광고, 데이터 판매등 다양한 수익 기반 보유		대규모 고객을 이용한 자체 수익 모델

표 4-1 핀테크, 레그테크, 빅테크의 구분 | 출처: 보험연구원 2017.11월 연구보고서에 레크테크, 빅테크 추가

1.
핀테크

　금융감독원은 2017년말 기준으로 242곳의 기업이 핀테크 기업으로 서비스 분야 별 비율은 지급 및 결제 41%, P2P금융 39%, 로보 어드바이저 및 자산 관리 13% 의 순으로 구성되어 있다고 밝혔다. 그 외 보안/인증, 레그테크 등 핀테크와 관련된 기술보유 업체를 포함하면 핀테크 기업을 29여 개로 보고 있다.

　2019년 3월 기준으로 블록체인협회에 가입한 가상자산 거래소는 22곳으로 그 외 협회에 가입하지 않은 거래소 30여 곳을 포함하여 총 50여 곳으로 추정되는 거래소와 금융감독원의 통계 242곳, 핀테크 관련 회사 67곳까지 합치면 총 370여 곳으로 보아야 할 것이다.

　한국 핀테크 산업 협회에 가입한 회사는 2019년 7월 말 기준으로 321곳이다. 물론 중복된 회사도 있겠지만, 핀테크란 범주에 드는 회사는 최소 500~700곳 정도라고 보는 것이 합리적인 추론이라 할 수 있다.

　국내뿐만 아니라 전 세계적으로 핀테크의 열풍은 뜨거운데, 핀테크 분야 벤처 캐피탈사 H2벤처스와 다국적 컨설팅 그룹 KPMG가 매년 선정해 발표하고 있는 세계 100대 핀테크 기업이 2018년 10월에 발표되었다. Top 10 기업 중 중국 기업은 앤트파이낸셜(알리페이), 징동 파이낸스를 포함하여 여러 기업이 선정되었다. 특히 핀테크 혁신 기업 TOP5에 앤트파이낸셜(1위), 징동 파이낸스(2위), 두샤오만 금융(4위)이 선정되었다.

서비스 분야	설명	업체수	근거
지급/결제	신용카드나 계좌정보와 같은 결제수단을 저장하여 간편하게 상품을 구매하거나 휴대폰 등을 통해 편리하게 송금을 하는 등 서비스	91개	금융위 등록업체
크라우드 펀딩	온라인 상에서 불특정 다수의 투자자로부터 사업자금등을 투자받는 방식을 말하며 크게 후원형, 기부형, 증권형 등으로 분류	8개	금융위 등록업체 (증권형)
P2P금융	온라인 플랫폼을 통해 대출과정을 자동화하여 금융 공급자(투자)와 금융 수요자(대출)가 직접 자금을 주고 받을 수 있도록 하는 서비스	87개	금융위 등록업체
로봇어드바이저/자산관리	인공지능(AI) 기술을 활용한 프로그램이 알고리즘을 기반으로 자산을 직접 운용하거나 투자자에게 자문을 제공하는 서비스	29개	핀테크 기업편람 (과기정통부)
소액해외송금	다양한 해외송금 방식을 통해 저렴한 수수료와 빠른 속도로 해외송금을 제공하는 서비스	27개	기재부 등록업체
보안/인증	이상거래를 탐지하여 범죄를 막거나 지문인식, 홍채인식 등 기술을 통해 본인을 인증할 수 있도록 하는 등 서비스	32개	핀테크 기업편람 (과기 정통부)
레그테크 등 기타	규제의 준수를 돕는 레그테크, 보험과 기술이 결합된 인슈어테크, 금융거래와 관련된 빅데이터 분석 등의 서비스	35개	핀테크 기업편람 (과기정통부)

표 4-2 핀테크 관련 기술 회사 | 출처: 금융감독원

그림 4-1 세계 핀테크 기업 28위 토스

　한국 기업으로는 모바일 금융 서비스 토스를 운영하는 비바리퍼블리카와 데일리금융그룹이 선정되었다. 비바리퍼블리카는 작년(35위)에 이어 올해(28위)도 선정되었다. 토스는 작년 조사에서 35위로 한국 회사로는 최초로 50대 혁신기업에 선정되기도 했다. 데일리금융그룹은 50대 이머징 기업에 포함되며 63위에 랭크되었다.

　금융감독원이 2019년 6월 6일 발표한 '글로벌 핀테크 10대 트랜드 및 시사점' 보고서에 따르면 1월 말 기준 글로벌 핀테크 유니콘 기업은 39개이고, 한국 업체는 간편송금 서비스인 토스를 운영하는 비바리퍼블리카(기업가치 1조 3,000억 원)뿐이었다. 이러한 '핀테크(금융+첨단기술) 유니콘' 기업을 육성하기 위해 정부가 맞춤형으로 규제를 완화하고 있다.

　금융위원회 손병두 부위원장은 2019년 6월 17일 금융위·자본시장

연구원·핀테크지원센터가 주최한 '글로벌 핀테크 규제환경 분석과 개선방향 세미나' 축사에서 "글로벌 핀테크 유니콘을 육성하기 위해 전략적인 맞춤형 규제 완화를 추진하고자 한다"고 밝혔다.

손 부위원장은 글로벌 100대 스타트업의 사업 모델을 국내 규제환경에 적용한 결과 절반 이상이 불법이거나 영업이 사실상 불가능하다는 로펌 테크앤로(TEK&LAW)의 최근 조사 결과를 인용하며 "핀테크 육성을 위한 정부의 역할 중 가장 중요하고 궁극적인 것은 '혁신 유인적' 규제환경을 조성하는 것"이라고 말했다. 그러면서 "해외에서 검증된 다양한 핀테크 비즈니스 모델을 분석하고, 이에 적합한 규제환경을 만들기 위해 어떤 규제를 어떻게 개선해 나가야 할지 전략적으로 검토하고 고쳐나갈 것"이라고 말했다.

2.
블록체인 VS 핀테크

　핀테크란 전통적 금융서비스에 모바일 기반 기술이 더해져 새롭고 혁신적인 금융서비스로 재 탄생시키는 것을 말하며, 우리나라에서는 TOSS, 카카오페이가 가장 대표적인 성공 사례로 들 수 있겠다.

　실제로 기존의 금융서비스도 인터넷은행이 개설이 되고, 핀테크라는 새로운 물결을 맞이하며 엄청난 발전을 이루어냈고, 그 가능성으로 인해 핀테크 분야는 많은 관심을 지속적으로 받고 있고, 특히 스타트업의 경우에는 더욱 그렇다. 그렇다면 블록체인 기술과 핀테크로써 금융서비스와는 어떤 차이점이 있을까?

　금융감독원 자료에서 나오는 블록체인은 더 이상 낯선 단어가 아니다. 금융감독원뿐만 아니라 일상에서도 많이 주고 받는 단어가 되었다.

구분	기존 금융시스템, 핀테크	폐쇄형 블록체인* (Private Blockchain)	개방형 블록체인* (Public Blockchain)
구조	중앙집중화 (Centralized)	분산화 (Distributed)	탈중앙화 (Decentralized)
특징	·(장점) 거래 속도가 가장 빠르고, 통제 용이 ·(단점) 중앙시스템 보안 위험 및 관리 비용 높음	·(장점) 검증 및 거래속도 상대적으로 빠름 ·(단점) 내부 시스템 변경 및 안정성 확보 필요	·(장점) 구축 비용이 낮으며 거래 투명성 보장 ·(단점) 검증 및 거래 속도 느림

표 4-3 기존 금융시스템과 블록체인 시스템(방식별) 간 비교 | 출처: 금융감독원 해외 증권거래소의 블록체인 기술 도입 현황 및 시사점 (2018년 8월)

　미국 나스닥(Nasdaq)은 이미 2015년 10월 블록체인을 기반으로 비상장 주식의 발행, 분류, 주식 소유권의 이전 등을 처리하는 나스닥 링크(Nasdaq Linq)를 출범하였다. 블록체인 기술은 비상장주식 거래 플랫폼을 구축하고 기존 은행 시스템과 연계하여 결제 서비스를 제공하는 등 실물 경제에서도 많이 활용되고 있는 금융 플랫폼으로 생각 할 수 있다. 금융감독원의 보도자료에 해외 증권 거래소의 블록체인 기술 현황을 언급할 정도이다.

---

* 거래 합의과정에 참여하는 주체(Node)에 대한 개방성에 따라
　①개방형(불특정 다수의 개인 등) 및 ②폐쇄형(사전에 허가 받은 제한된 주체)으로 구분
　출처: 금융감독원 해외 증권거래소의 블록체인 기술 도입 현황 및 시사점 (2018년 8월)

	핀테크, 금융업	블록체인
거래내역 기록	핀테크 기업, 금융기관	제3자, 개별
방법	금융기관의 장부에 기록	작업증명
보상	수수료	수수료(기존보다 저렴)+코인
자금추적	가능	불가
보안성	금융기관의 안전도에 달렸음	51%이상의 동의 없이는 변조 불가
절차의 간편성	핀테크는 혁신적 서비스 제공, 금융업은 기존 절차	보내기 한번으로 송금 가능, 절차가 간편함
자금세탁방지	적용	미적용, 적용 방안 협의 중
적용 분야	송금, 결제, 보험, 대출 등	디파이, 송금, 결제, 가상자산(암호화폐) 대출 등

표 4-4 기존금융기관과 블록체인의 비교

　기존의 금융업과 핀테크는 중앙 집중형이라면, 블록체인은 분산원장을 기반으로 하고 있다는 것이 가장 큰 차이점이라 할 수 있다.

　디파이(DeFi, Decentralized Finance)라는 이름으로 불리는 탈중앙화 금융 시스템인 디파이는 기존 금융산업에 블록체인과 암호화폐가 최신 핀테크 기술을 복합적으로 적용한 탈중앙화 금융시스템을 말한다. 결제와 해외송금부터 대출, 펀드 등 다양한 금융상품까지 암호화폐를 활용해 기존 금융업을 혁신할 수 있다는 기대감에 계속 주목 받고 있는 분야이다. 디파이와 핀테크는 둘 다 금융이라는 공통점을 가지고 있고, 디파이는 블록체인을 기반으로 하고 있다는 점이 다를 뿐 넓은 의미에서는 두 가지 모두 핀테크의 영역으로 보아야 할 것이다.

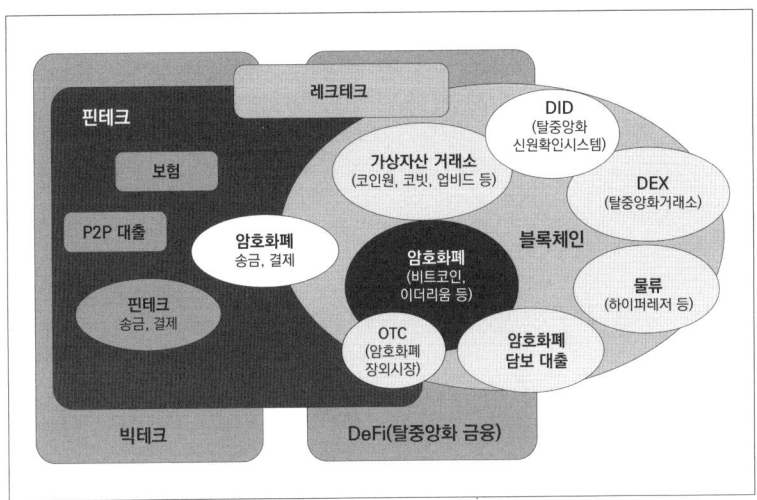

그림 4-2 블록체인과 핀테크 관계

　탈중앙화 금융(DeFi)인 디파이는 블록체인 기술과 암호화폐의 교차점에 가장 잘 적용될 수 있다. 해외에는 벌써 많은 금융기관이 블록체인 기술을 응용해 금융 서비스를 혁신하려고 연구를 시작하고 있다. 스타트업이 먼저 뛰어들어 혁신적인 서비스를 만들며 블록체인의 유용성을 보여준 덕이다. 앞으로 블록체인과 핀테크는 서로 영향을 주면서 발전해 나갈 것이다. 핀테크도 기존의 금융업의 연장선에서 자금세탁방지 업무가 적용되어야 한다.

3.
레그테크

레그테크는 규제(Regulation)와 기술(Technology)을 합친 말로 금융회사가 인공지능(AI), 빅데이터 등의 기술을 활용해 내부 통제를 하고 규제를 지키도록 돕는 혁신적 기술을 뜻한다.

레그테크는 2008년 글로벌 금융위기 이후 각국의 금융당국이 금융 관련 규제를 강화하자 이를 효과적으로 뒷받침하기 위해 등장했다. 향후 금융권 IT투자의 40~50%가 레그테크에 집중되고, 이를 위해 최신 IT기술을 총동원한다는 관측이 나온다.

레그테크 활용 가능성은 무궁무진하다. 가장 대표적인 기술은 '이상거래 탐지시스템(Fraud Detection System, FDS)'이다. 이상거래 탐지시스템은 전자금융거래 시 단말기 정보와 접속 정보, 거래 정보 등을 수집하고 분석해 의심스러운 거래나 평소와 같지 않은 금융 거래가 발생하면 이를 차단한다.

금감원이 레그테크 활용을 위해 선정한 솔루션에는 2개의 자금세탁방지 솔루션이 들어 있다.

나라마다 자금세탁방지에 대한 정의와 규제가 달라 국내 금융회사들이 해외에 진출하는 데 장애물이 되고 있다. 따라서 인공지능 등 첨단 기술을 접목한 레그테크가 돌파구가 될 것으로 기대하고 있다.

기업명	분야	솔루션
㈜유니타스	자금세탁방지	• UNITAS CRI(Country Risk Index) Service – 마약, 테러, 제재 등과 관련된 34개 변수를 실시간 반영한 국가위험지수(Country Risk Index) 산출
㈜닉컴퍼니	핀테크 전문 컴플라이언스	• NIC 디지털 컴플라이언스 플랫폼 – 금융회사가 제공하는 모든 서비스를 위험지표화(스코어링)하여 시각화된 모니터링 기능 제공
㈜에임스	보험금 착오지급 점검	• 보험금 착오지급 점검업무 자동화 솔루션(Autodit) – 보험약관의 자동 알고리즘화 및 보험금 착오지급 자동검출
㈜옥타솔루션	자금세탁방지	• 업종별 특화 AML/RBA 솔루션 SaaS 서비스 – 가상통화 취급업소, 해외송금업자, 전자금융업자등에게 업종 맞춤형 자금세탁방지 솔루션 제공
㈜코스콤	금융투자 컴플라이언스	• 상시모니터링서비스 시스템 KI-Guard – 금융투자회사의 데이터베이스를 실시간으로 분석·모니터링하여 내부직원의 횡령·사기등 이상거래를 적출
금융보안원	금융보안점검	• 금융보안 레그테크 시스템 – 금융회사의 정보보호 수준 자율진단, 금융보안 관련 보고서의 자동생성-리포팅 등

표 4-5 금융감독원 지정 레그테크 업체

4.
빅테크

　빅테크는 인터넷 플랫폼을 기반으로 한 거대 IT기업을 지칭하는 용어이다. 구글, Microsoft, Amazon, Facebook, Alibaba등의 IT 거대 기업들이 핀테크 분야에 뛰어들면서 기존의 금융회사들을 긴장시키고 있다.

　페이스북은 2020년 리브라(Libra)라는 가상통화를 발행하여 송금 및 결제 서비스를 추진하고 있다.페이스북의 리브라(libra) 암호화폐가 페이스북에 대한 사용자들의 신뢰 부족에도 불구하고, 잠재적인 비트코인(BTC) 경쟁업체들인 이더리움(ETH), 라이트코인(LTC), 리플(XRP)보다 대중들에게 더 친숙하고 큰 관심을 받고 있는 것으로 나타났다. 2019년 7월 21일 미국 유력 경제 전문지 포브스(Forbes)는 미국 브러커리지 이토로(eToro)의 최근 조사를 인용해서 "미국 성인의 58%는 세계 최초, 최대 암호화폐인 비트코인을 들어본 적이 있었고, 페이스북의 리브라는 공개 한 달 만에 이미 성인 16%에 알려져 있었다"고 전했다.

구분		알리바바	텐센트	바이두	구글	아마존	페이스북	애플	삼성전자	마이크로소프트
		Ali Pay	Ten pay	Baidu Wallet	Google Pay	Amazon Pay	Messenger Pay	Apple Pay	Samsung Pay	Micro soft Pay
지급결제		중국 최대 모바일 결제 플랫폼	중국 상위 2번째 모바일 결제 플랫폼	페이팔 협력	신용카드 네트워크 활용	신용카드 네트워크 활용	신용카드 네트워크 활용, 가상화폐 리브라	신용카드 네트워크 활용	신용카드 네트워크 활용	신용카드 네트워크 활용
온라인 대출		MY Bank	We Bank	Baixin Bank	P2P대출	아마존 랜딩	Chrged 비 후불 서비스)	–	–	–
		시골지역 중·소기업 및 온라인 상점 대출	개인 소액대출	금융상품 및 소액대출	렌딩클럽 (P2P) 제휴	중·소기업 또는 물류·배송업체 에 대한 저금리 대출	캐나다 핀테크 회사인 클리어 뱅크와 제휴	–	–	–
자산 관리		Yu'e Bao (글로벌 최대 MMF운용)	뮤추얼펀드 라이센스 획득	–	–	–	–	–	–	–
보험		온라인 보험사 중안보험 공동 설립		조인트벤처 설립(알리안츠, 힐하우스 캐피탈)	구글컴페어 (보험비교사 이트)* 최근 서비스 중단	보험가격비교사 이트 설립, JPM 건제이스 및 버 크셔해서웨이와 함께 헬스케어 회사 설립	–	알리안츠 사이버보험 할인 제공	–	–

표 4-6 글로벌 빅테크(Big Tech)기업의 주요 금융서비스 제공 현황

전 세계적으로 전자상거래, 소셜미디어 등 비금융 플랫폼을 보유한 빅테크(Big-Tech) 기업의 금융시장 내 영향력이 지속적으로 확대되고 있는 상황이다.

미국 GAFA(Google, Amazon, Facebook, Apple), 중국의 알리바바·텐센트 등은 지급결제, 온라인대출, 보험 등으로 진출 영역을 확장하는 한편, 시장지배력을 점차 확대하고 있다. 빅테크 기업의 Alipay(알리바바)와 Tenpay(텐센트)가 전체 시장의 94%를 차지한 중국의 모바일 결제 시장의 경우에는 오히려 시장경쟁을 저하시킬 우려가 제기되기도 하였다.

한국은 네이버, 카카오, 토스, 페이코 등 대형 IT플랫폼 기업이 전자금융업자로 등록, 간편결제, 송금 시장에 진출하고 있다. 현재 금융감독원의 전자금융업자 2019년 8월 22일 등록현황(http://www.fcsc.kr/

등록날짜	전자금융업자명	선불전자지급수단발행업	직불전자지급수단발행업	전자지급결제대행업(PG)
2007-07-19	㈜카카오	●		●
2012-05-31	네이버㈜	●		●
2015-01-07	비바리퍼블리카㈜	●('15.9.7 등록)	●('17.7.20 등록)	●
2015-06-23	구글페이먼트코리아 유한회사	●('17.1.24 등록)		●
2016-04-19	㈜우아한형제들	●		●
2017-04-11	엔에이치엔페이코㈜	●	●	●

표 4-7 전자금융업자 등록 현황

B/fu_b_06.jsp)은 총 137개사(234개 업종)가 등록이 되어 있다. 그 중 대표적인 회사에 대해서만 정리를 하였다.

특히, 카카오는 카카오은행 및 바로투자증권 투자 등 기존 금융영역에도 적극적으로 진출하고 있고, 토스(비바퍼블리카)는 토스뱅크 설립에 나서고 있으나, 실현이 되고 있지는 않다. 이제 기존 금융업 시장은 블록체인, 핀테크와 경쟁뿐만 아니라 글로벌 IT기업과의 충성도 있는 고객을 지닌 빅테크 기업과의 경쟁에도 대비하여야 할 것이다.

5.
국내송금 및 대출

　2019년 7월부터 전자금융사업자와 500억 이상의 대부업자에게 자금세탁방지 의무가 부과되었다. 원래 전자금융업자의 경우 국내 은행 계좌를 통해 거래를 주고 받았지만, 정작 전자금융업자의 고객이 어디다 돈을 사용했는지는 알 수 없었다. 예를 들어 카카오페이를 사용하는 고객이 국내 은행 계좌를 통해 카카오페이 사용에 필요한 금액을 충전할 경우 은행에는 '카카오페이 법인 계좌' 충전이란 내역만 남는다. 자세한 내역은 국내 정부가 알 수 없다.

　간편송금 서비스를 위해 비바리퍼블리카의 서비스 토스는 가장 많은 27개 금융회사와 제휴를 맺고 서비스를 제공하고 있으며 간편송금 서비스는 간편송금업자가 제휴를 맺은 금융회사를 통해서만 송금이 가능하다. 네이버 등 5개사는 17~22개 금융회사와 제휴하여 서비스를 제공 중이나, 핀크는 KEB하나은행만 제휴하여 서비스를 제공하고 있다.

구분	제휴 금융회사 수	제휴 금융회사 명
비바리퍼블리카	27	은행(19) : 우리, 신한, 국민, KEB하나, 농협 등 증권(8) : 키움, 미래에셋대우, 삼성, 대신 등
네이버	17	은행(15) : 우리, 신한, 국민, 농협, 기업 등 증권(2) : 미래에셋대우, 삼성
쿠콘	19	은행(19) : 우리, 신한, 국민, KEB하나, 농협 등
카카오페이	21	은행(18) : 우리, 신한, 국민, KEB하나, 농협 등 증권(3) : 메리츠, 유진투자, 유안타
NHN페이코	22	은행(20) : 우리, 신한, 국민, KEB하나, 농협 등 증권(2) : NH투자증권, 유안타
엘지유플러스	17	은행(17) : 우리, 신한, 국민, 농협, 기업 등
핀크	1	은행(1) : KEB하나

표 4-8 간편송금 관련 금융기관 제휴 현황

 정부는 전자금융사업자, 500억 이상 대출사업자도 소액 해외송금업처럼 금융사에 준하도록 주민등록번호 수집 의무를 부여하려 했다. 소액 해외송금업은 주민등록번호를 수집하고 자금세탁방지를 적용하였기에 형평성 차원에서는 맞는 이야기였다. 이에 카카오페이, 네이버, 토스, 페이콕 등 국내 대표 핀테크 기업은 태스크포스(TF)를 구성하고 간소화된 고객 확인 절차를 할 수 있도록 요구하였다.
 금융위원회의 최종 결론은 자금세탁 위험성이 높지 않은 개인 고객에게는 성명, 생년월일, 성별 및 계좌번호 등 대체 정보를 확인하도록 규정했다. 대체 정보 종류는 고시로 정하도록 위임하나, 단 전자금융업자 자체 이상 금융거래 감지시스템(FDS)에서 '고위험'으로 분류된 고객의 주민번호는 수집하도록 하였다.

문제는 고위험으로 분류라는 부분이 다소 주관적인 판단이 들어가는 부분이라는 것이다. 전자금융사업자는 '저위험' 고객의 주민등록번호는 수집하지 않아도 된다. 이로써 미성년자도 아무 문제 없이 간편결제를 이용할 수 있게 되었다. 이 개정안으로 자금세탁방지기구(FATF)의 자금세탁방지(AML)에 요구한 의무 부과 대상 확대를 받아들이게 된 것이다.

주민등록증 수집은 없던 일로 됐지만 고객 확인과 검증을 위해 주소지를 해당 업체에서 수집해야 한다는 의무 조항을 신설했다. 자금세탁방지 및 공중협박자금조달금지에 관한 업무 규정에 주소지 확인을 필수 항목으로 규정했다. 주소지를 수집, 저장하지 않으면 강력한 처벌을 내리겠다는 것이다. 소액 해외송금업, 은행도 허위 주소를 입력해도 이를 걸러내거나 잡아낼 수 있는 시스템이 없다는 것을 알고 있지만, STR(의심거래보고제도)에서 주소를 반드시 입력하여야 하기 때문에 주소를 수집하고 있었다.

이로써 전자금융업자 입장을 고려하여 자금세탁방지 업무를 간소화하였지만, 일정 부분의 추가 부담은 불가피한 체계가 갖춰졌다. 전자금융업자들은 STR(의심거래 보고) 책임자를 임명하고 내부 통제 체계를 갖추는 의무를 지게 되었기 때문이다.

6.
해외송금

 2017년 4분기 1,400만 달러에 불과하던 해외송금업자를 통한 송금은 올해 1분기 3억 6,500만 달러로 25배 이상 늘었다. 당시 12개였던 업체는 2019년 5월 25개로 늘었다. 국내에 체류 중인 외국인 노동자와 외국에서 이민·유학 온 사람이 늘어났기 때문이다. 송금업체의 주요 고객인 국내 체류 외국인 수는 최근 5년간 연평균 8.5% 늘었으며, 2019년에는 218만 명에 달한다. 해외송금업은 한국은행에 송금내역을 매일 보고해야 하고, 월말에는 금융감독원에 실적 보고를 해야 한다.

 필자는 두 곳의 해외송금 업체에 근무한 경험을 가지고 있다. 이 두 곳에서 처음부터 만들어 본 경험과 자금세탁방지 시스템을 만들어보고 운영한 경험을 쌓았다. 해외송금 1호 사업자 허가를 내기 위해 금융감독원의 질문에 답변하기 위해 빈번하게 다녔다. 금융정보분석원에서는 은행과 소액 해외송금업과의 자금세탁방지의 책임에 대해서, 금융결제원과는 오픈 플랫폼 연계에 대해서, 금융보안원과는 오픈 플랫폼의 취약점 점검에 대해서 협의하기 위해 다녔던 기억이 난다.

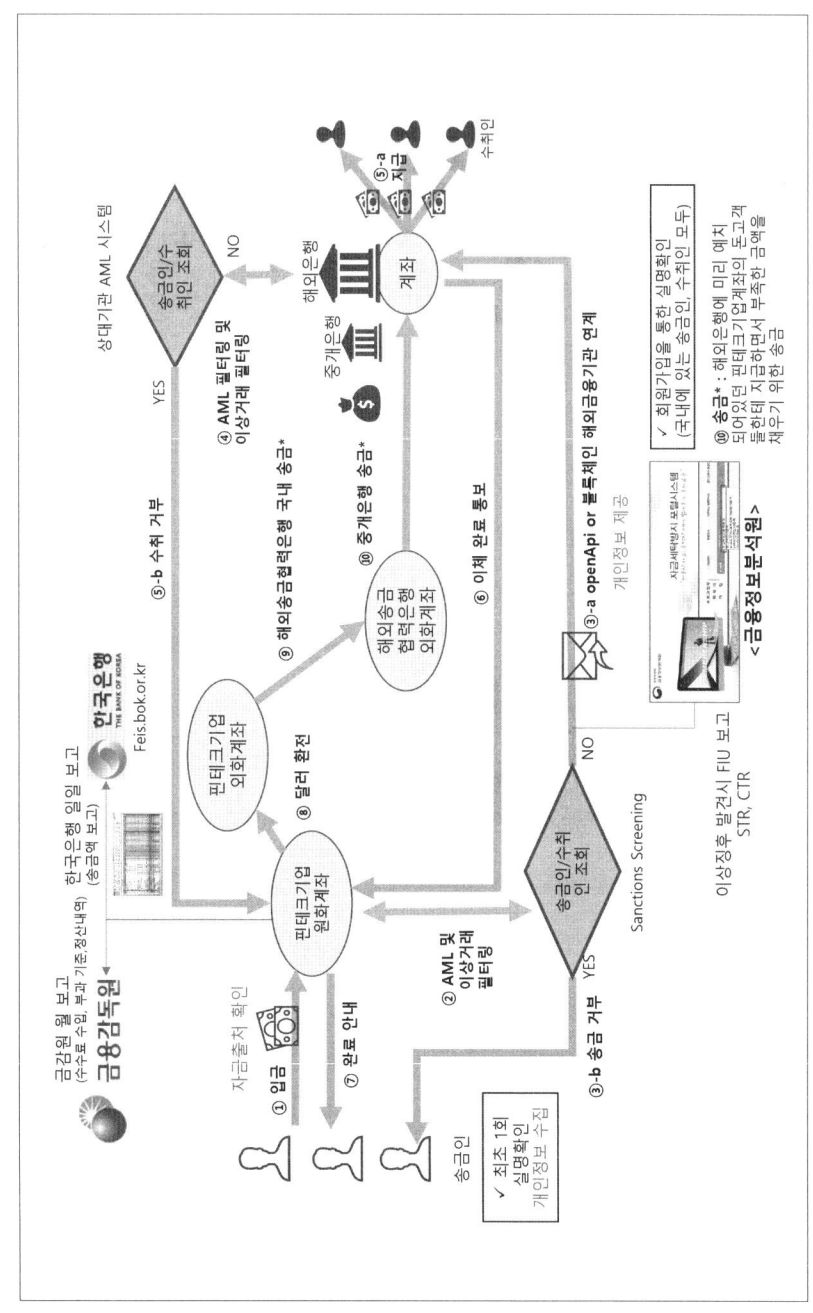

그림 4-3 해외송금 업무 흐름도

148 쉽게 이해하는 블록체인, 암호화폐 자금세탁방지

해외송금업에서 주요한 자금세탁방지 업무에 대해서 이야기를 하고자 한다. 해외송금업은 원화를 입금하게 되면 이를 달러를 환전하게 되며, 달러가 아닌 파운드화, 엔화 등으로 중계은행을 통해 송금하는 경우에는 자금세탁에 대해서 상대적으로 자유롭다. 실제 적용은 해외송금회사의 정책에 따라서 조금씩 달라 질 수 있다.

자금세탁이 문제가 되는 것은 전 세계 기축 통화를 발행하는 미국의 달러화가 테러리스트에게 유입이 되었을 경우에 미국의 제재가 엄청나다는 것이 원인인 것이다.

원화에서 달러로 환전하는 과정에 은행 혹은 해외송금 회사는 일차적으로 마진을 취하게 된다. 환전을 하기 전의 과정에서 먼저 회원가입시의 WLF(제재목록 확인), 송금을 보낼 때 WLF(제재목록 확인), 송금을 받는 곳에서 다시 WLF(제재목록 확인)를 수행하게 된다. 다시 말하자면 다우존스 같은 Sanction List를 쓰는 경우에는 송금을 하기 위해서는 송금 한 건당 2건의 제재목록을 확인하는 것이다.

WLF(제재목록 확인)도 중요하지만, 이상 거래가 발견되는 경우, 여러

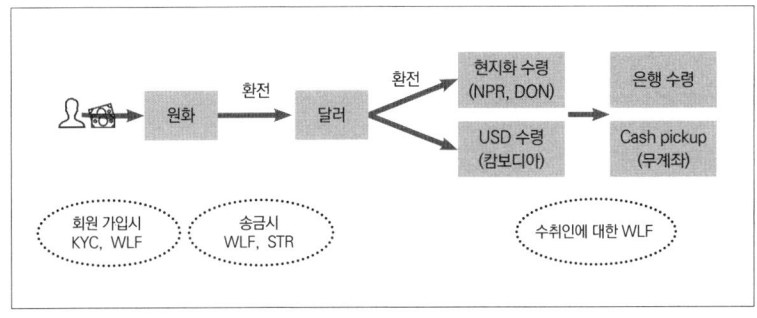

그림 4-4 해외송금 자금세탁방지 적용 구간

구분	금액	비고
회원가입		회원가입에 대한 Watch List Filtering(제재목록 확인) 실행 오사마 빈 라덴 가입 불가
원화 송금액	1,000,000	사용자 입력 WLF(제재목록 확인) 실행, 가입 당시에는 괜찮았으나, 송금 실행 시점 제재목록으로 재 확인
원화 수수료	5,000	회사의 수수료 정책
환전대상 금액	995,000	원화송금액-원화수수료
USD 적용기준	10%	회사의 고객에 대한 달러 우대 정책
USD 매매기준율	1,081.00	송금 시점의 적용환율
USD 적용환율	1,091.81	매매기준율*회사 지정환율정책
USD 환전금액	911.33	환전대상금액/적용환율
USD 송금금액	911	회사의 정책에 따른 절삭 및 반올림
NPR 적용기준(우대율)	0.2	현지 국가의 환율 정책 현지 금융기관에서 수신자 WLF(제재목록 확인) 실행
NPR 기준환율	102.49	현지 국가의 적용 환율
NPR 적용환율	102.69	국가별환율내역, 매입가+우대율
NPR 환전금액	93,550.59	USD송금금액*NPR적용환율
NPR 수령금액	93,550	실제 현지 수령 금액
송금액 누계 한국은행 보고, 의심거래인 경우 FIU 보고		한국은행, 금융정보 분석원, 현지 금융 기관 프리 펀딩 예치금 차감

표 4-9 해외송금 프로세스별 자금세탁방지 적용

명이 한 명에게 송금을 하거나, 한 명이 여러 명에게 송금하는 경우 등의 통상 의심스러운 거래가 발견되면 금융정보분석원의 자금세탁방지 사이트에 접속하여 STR(의심거래보고제도) 보고를 즉시 시행하여야 한다.

표 4-10은 Hong Gil Dong이 201X-XX-12 하루에 2명의 사람에게 현지화로 해외송금한 사례이다. 이런 경우가 한명이 여러 명에게 송금을 한 경우이고, 하루에 동일인물에게 여러 번 보낸 경우도 의심사례로 보아야 할 것이다.

연락처	송금인	수신인	송장번호	송금일	금액
010-25XX-xx	Hong Gil Dong	MXXXX ACEXXXXA	REMIT 54WKK3SC18	201X-XX-12	150,000.00
		MXXXX ACEXXXXA	REMIT S88MAHS7G18	201X-XX-12	140,000.00
		MXXXX ACEXXXXA	REMIT 4JE8UNQC18	201X-XX-12	23,494.00
		MXXXX ACEXXXXA	REMIT YH4HGGXY18	201X-XX-12	47,223.00
		MXXXX ACEXXXXA	REMIT SG472SML18	201X-XX-13	100,000.00
		MXXXX JOEY GATxxxxxxx	REMIT 4XYZMR6M18	201X-XX-12	50,000.00
		MXXXXJOEY GATxxxxx	REMIT B3A6488P18	201X-XX-12	49,000.00
합계					559,717.00

표 4-10 해외송금 STR(의심거래보고) 사례

별도의 자금세탁방지 업무 담당자가 있는 규모가 있는 은행인 경우에는 STR 보고 담당자가 신고해야 한다. 하지만 소규모 핀테크 회사에서는 현실적으로 쉽지 않은 경우가 많다. 필자가 생각하는 최적의 안은 한국은행 보고 담당자가 한국은행의 보고하기 전에 거래를 모니터링하여 의심거래가 발생한 경우에 금융정보분석원에 보고하는 것이 현실적인 업무 분장안이라고 생각한다.

7.
삼성페이 해외송금

　삼성페이와 같은 비금융회사가 해외송금 서비스를 제공하기 위해서는 외국환 거래법 상 요건을 갖추어 '소액 해외송금업자'로 등록해야만 한다. 즉, 삼성페이도 소액 해외송금업자 등록되어야 가능하다는 이야기인데, 페이코, 네이버와 같은 플랫폼 사업자에게 해외송금은 불가능하다.

　구체적인 지침이 없었는데 2018년 12월 개최된 제2차 경제 활력 대책회의에서 현장의 목소리를 청취해 소액해외송금 업체와 모바일 플랫폼간 협업을 허용하는 내용의 현장밀착형 규제혁신방안이 발표되었다. 기재부의 유권 해석까지 일사천리로 이뤄진 것이다. 따라서 삼성페이와 한패스 등이 제휴해 해외송금서비스를 모바일플랫폼에서 이용하는 것이 가능하게 되었다.

　2019년 1월에 필자는 세종시에서 한패스, 삼성페이, 기획부의 회의에 참석하여 "소액 해외송금업자 한패스의 모바일 플랫폼 사업체와 해외송금 협업모델 구축에 대한 유권해석 요청"을 기획재정부에 질의를 하였고, 아래의 사항으로 조건부 승인으로 삼성페이의 해외송금이 가능하게 되었다.

 모바일 플랫폼 업체와 제휴를 통한 해외송금 서비스 제공을 진행함에 있어 아래와 같이 해외송금업자와 플랫폼 사업자 간의 작업 영역이 분명하다면 해외송금이 가능할 것이라 본 것이다. 단, 서비스 주체는 소액 해외송금업체임을 명확히 사용자에게 고지하여야 한다. 그리고 송금을 진행함에 있어, 소액 해외송금업체가 직접 수행하고 모바일 플랫폼 업체는 송금 관련 어떠한 정보도 저장하지 않아야 함을 명시하였

소액해외송금업-모바일 플랫폼 협업 관련 질의사항에 대한 답변

□ (질의사항) 소액해외송금업자가 모바일 플랫폼 사업체와 협업하여 해외송금 서비스 제공이 가능한지?

□ 비금융회사가 **해외송금업무**를 영위하기 위해서는 **외국환거래법 제8조 제3항 제2호**에 따라 '**소액해외송금업자**'로 등록할 필요

 ○ **소액해외송금업자**가 **他업체**와 **제휴**하여 해당 업체의 모바일 플랫폼을 통해 **해외송금서비스**를 **제공**하고자 하는 경우에는

  - ①**제휴업체**가 송금 관련 정보를 **수집**하거나 **저장**하지 **않고**,
  ②**소액해외송금업자**가 **해외송금 업무**를 **직접 수행**하며,
  ③**고객**이 **해당 서비스**는 제휴업체가 아닌 **소액해외송금업체**가 **제공**한다는 점을 **충분히 인지**할 수 있도록 조치(예:서면통보)할 것

 ○ 아울러 해당 서비스 제공 전 **외국환거래법 시행령 제16조 제1항 제3호**에 따라 **금융감독원**에 '**소액해외송금업무의 수행 방식에 관한 사항**' 관련 **변경신고**를 할 필요

그림 4-5 기획재정부의 삼성페이 유권해석

다. 또한, 모든 데이터는 사용자 휴대폰에서 E2E 암호화를 거쳐 소액 해외송금업체 서버까지 전달되어, 모바일 플랫폼 업체는 어떠한 정보도 볼 수 없음을 명시하였다.

   이러한 모바일 플랫폼과 소액 해외송금업자 간 제휴를 통한 소액 해외송금이 활성화되는 경우, 업체 간 경쟁 확산에 따른 송금수수료 하락, 서비스 다양화 등이 예상되어 소비자 편의가 제공되고 핀테크 기업의 경쟁력 강화가 이뤄질 것이란 전망이다.

Chapter 5.
암호화폐 자금세탁방지

Anti Money Laundering

금융과 핀테크에서 적용된 자금세탁방지 업무가 가상자산(암호화폐) 거래소에 적용하기 위해서는 여러가지 환경이 다르다.

가상계좌는 현재 코빗, 업비트, 코인원과 같은 대형 거래소만 발급을 받았고, 대부분의 암호화폐 거래소는 벌집계좌를 이용하고 있다.

2018년 7월에 방영된 미국 드라마 '남부의 여신'이라는 미드에서는 마약 거래를 다크웹에서 게시하고 돈이 아닌 암호화폐로 입금 받는 내용이 나온다. 대사에 나오는 실크로드(Silk Road)는 마약 등 불법 물품을 판매 및 경영하고 있던 암시장 웹사이트로 로스 윌리엄 울브릭트(Ross William Ulbricht)가 운영했다. 이런 사이트가 바로 다크웹이다.

다크웹은 일반적으로 접하는 네이버나 구글 등에서는 검색이 되지 않는다. 별도의 브라우저인 토르로 접속해야 보인다. 드라마에서는 가상으로 만들어낸 프레리아로 마약거래가 이루어진다. 현실세계의 신분증과 같은 DID(탈중앙화 신원확인 시스템)에 관한 이해가 필요하다.

FATF는 2019년 6월 암호화폐 권고안을 발표했다. 해당 권고안에는 암호화폐 거래 송·수신자 모두의 신원확인을 할 수 있어야 한다는 '트래블 룰'이 포함되어 있고, 2020년 6월까지 1년간의 유예기간이 주어진 만큼 암호화폐 취급업소는 그동안 대응책을 찾아야 하는 트래블 룰에 대해서 설명을 하였다.

이 챕터에서는 KYC(고객알기)와는 다른 KYT(거래알기)와 비트코인의 대표적인 자금세탁 수법인 텀블러와 믹싱 등 암호화폐에서만 적용되는 특화 개념에 대해 설명을 하고자 한다.

1.
벌집계좌와 가상계좌

가상계좌는 무통장 입금과 거의 동일한데, 실제 계좌에 딸려 있는 연결계좌를 뜻한다. 하나의 계좌에 여러 개의 계좌가 있는 듯이 보이는 것이 가상계좌라 할 수 있다.

가상계좌는 우유 배달비 납부, 각종 지방세 납부 등에 활용되고 있다. 예를 들어 A학원이 수강생들로부터 학원비를 입금 받기 위해 A학원 명의의 계좌를 C은행에 개설한다. 이는 실제 존재하는 계좌로 모(母)계좌라고 한다. 이후 A학원은 C은행에 요청해 수강생 숫자만큼 모계좌에 딸린 연결계좌를 만들 수 있다.

이때 연결 계좌의 번호는 모두 다르고, 각 수강생의 이름으로 부여된다. 홍길동이란 수강생은 학원으로부터 'B은행 홍길동 XXX-XXXX-XXXX'란 계좌를 받는 것이다. 이후 수강생이 이 번호로 입금하면 돈은 학원 소유의 모계좌로 들어간다. 수강생이 부여 받은 계좌는 학원이 수강생 개인 식별을 하기 위한 일종의 코드에 불과하고, 실제 모계좌로 입금되는 것이다. 그래서 개인은 통장 없이 단지 번호만을 부여 받는

데, 이를 가상계좌라고 부른다. 문제는 이런 가상계좌로 입금하면 무통장 입금과 동일하게 입금자에 대한 확인이 어려운 경우가 발생한다.

	가상계좌	벌집계좌
입금자	실명 확인된 계좌에서만 입금	누구나 입금 가능
계좌번호 부여	실명 확인 사람에게만 1개 계좌번호 부여	동일한 계좌번호 부여
입금처리	사전에 실명 확인된 계좌만 가능	상관없음
자금추적	가능	불가

표 5-1 가상계좌와 벌집계좌 비교

　벌집계좌는 법인 계좌 아래에 여러 거래자들의 개인 계좌를 두는 것을 말한다. 금융당국이 법인계좌로 연결된 가상 통화 거래를 사실상 금지하는 '암호화폐 거래 실명제'를 실시한 것도 이 때문이다. 이 가이드라인에 따라 현재 실명확인 가상계좌를 발급받은 국내 가상자산 거래소는 업비트, 코인원, 코빗, 빗썸 등 4곳이다.

　업비트의 가상계좌 서비스를 보면 실명 확인한 계좌에서만 입금 처리를 완료하도록 되어 있다. 가상계좌의 원래 용도는 입금이 되기만 하면 업무를 처리 할 수 있도록 되어있다. 하지만 자금세탁이 발생한 경우, 암호화폐에서 실명 확인되지 않는 계좌에 입금되면 추적이 불가능하기에 실명 확인한 계좌에서만 입금 처리를 한다.

　가상계좌 서비스는 원화입금을 위해서 사전에 등록된 고객의 계좌에서만 입금 여부를 확인하여 입금을 처리하는 서비스이다.

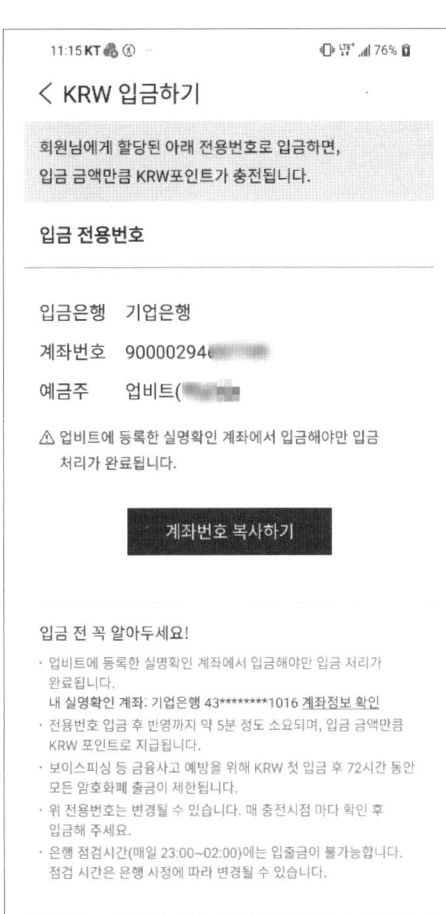

그림 5-1 업비트의 가상계좌 서비스

    업무 규정에서는 자금세탁의 위험이 높은 경우에는 거래자금의 원천을 파악하도록 하는데, 이때 일반적인 가상계좌를 통해서 입금이 되면 자금의 원천을 알 수 없기 때문에 정해진 입금자만이 송금 할 수 있는 강화된 가상계좌 방식을 이용하거나, 은행의 정상적인 이체를 통해서만 입금하도록 하고 있다.

금융결제원의 16개 은행을 대상으로 하는 출금이체 API는 핀테크 기업의 출금에 동의한 사용자 계좌에서 출금하여 핀테크 기업의 수납계좌로 실시간 입금하는 기능을 제공하고, 사용자의 계좌에서 직접 인출하기에 자금의 출처도 명확하게 확인 가능하다.

2. 다크웹

토르 브라우저를 열고 hidden wiki를 검색하면 처음 보는 웹 화면이 나온다. onion이라는 확장자로 끝이 나고 캡처도 할 수 없는 웹사이트를 다크웹이라고 한다. 블록체인을 이용한 암호화폐는 돈의 성질을 가지고 있기 때문에 자금 세탁에 악용되지 않을까 하는 우려를 하게 되는데, 실제로 다크웹에서는 이런 암호화폐를 이용해서 마약, 청부 범죄 등에 활용한 사례가 다수 발견되고 있다.

표면 웹, 딥 웹, 다크 웹으로 나누어진 웹을 비교하면 다음과 같다.

체이널리시스의 2019년도 보고서에 따르면 다크웹에서 쓰인 암호화폐 규모는 5억 1,500만 달러에 이른다. 2017년 다크웹 내 비트코인 결제 규모는 8억 7,200만 달러까지 커졌다가 지난해 암호화폐 가격 폭락으로 감소세로 돌아섰다.

보고서에 따르면 최대 불법 온라인 시장은 히드라(Hydra)이며, 다크웹에서 가장 인기 있는 암호화폐는 비트코인(BTC, 시가총액 1위)과 모네로(XMR, 시가총액 14위)로 나타났다.

	Surface web (표면 웹)	Deep Web (딥 웹)	Dark Web (다크 웹)
구성비	5~10%	90~95%	
	우리가 보통 사용하는 인터넷	검색으로 드러나지 않는 모든 것들을 딥웹	검색에 걸리지 않는 웹서비스
대표적	구글, 야후, Bing	기업의 인트라넷, 외부 비공개 웹사이트	-
브라우저	크롬, 익스플로러, 다양한 브라우저	토르 브라우저	토르 브라우저
용도	일반인	내부망, 특정 소수인원 접근	마약, 범죄 사주

표 5-2 서페이스웹, 딥웹, 다크웹 비교 | 출처: 나무위키 자료 편집 보강

다크웹 매출이 가장 높은 품목은 마약(Drugs)이었으며, 아동 포르노(child porn), 도난 당한 신용카드 정보(stolen credit-card information)도 수요가 있는 것으로 나타났다.

체인널리시스의 한나 커티스 수석은 "불법적인 비트코인 사용 증가는 문제가 될 수 있지만, 불법 거래와 관련된 비트코인 거래 비율 자체는 줄어들고 있다"고 밝혔다. 실제 전체 비트코인 거래 중 불법 거래는 올해 1% 수준으로 2012년 7%에서 크게 감소했다.

한편 암호화폐 익명성을 이용하는 불법 범죄를 막기 위해 규제 조직들도 대응에 나서고 있다. 국제 자금세탁방지기구(FATF)는 가상자산 거래소와 자산운용사에 철저한 고객 확인절차를 실시할 것을 요구하고 있으며, 유로폴은 관련 업계와 만나 암호화폐 범죄 예방안을 논의 중이다.

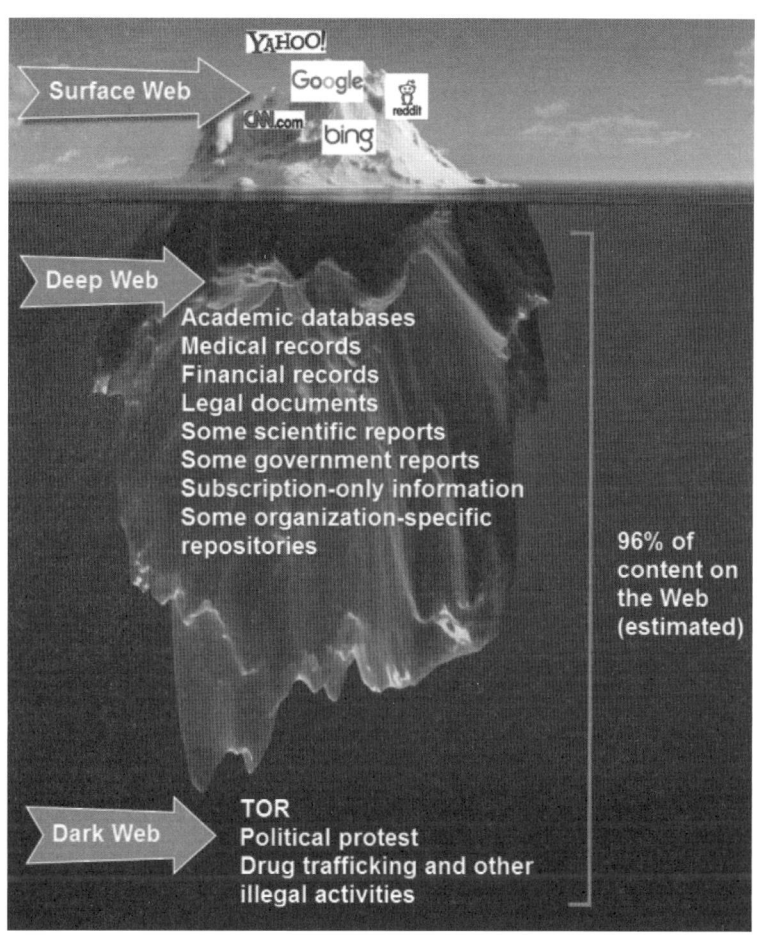

그림 5-2 다크웹, 딥웹, 서페이스 웹 | 출처: darkwebnews.com

3.
탈중앙화 거래소

　세계 최대 가상자산 거래소 바이낸스는 2019년 4월 23일 자체 블록체인 서비스 바이낸스체인(Binance Chain)을 정식으로 구동했다. 이더리움 네트워크 기반의 파생 암호화폐(ERC 20 토큰)였던 자체 코인 비앤비(BNB)도 이를 기반으로 탈바꿈했다. 이제 BNB는 독자 네트워크를 보유한 암호화폐(코인)이 되었다.

　블록체인 업계 관계자들은 이번 결정으로 탈중앙화 거래소가 본격적으로 두각을 드러내는 계기가 되기를 기대하고 있다. 바이낸스는 탈중앙화 거래소 '바이낸스덱스(Binance DEX)' 정식서비스를 하고 있으며 바이낸스 덱스의 상장 코인, 토큰은 늘어가고 있다.

　마운트 곡스의 해킹사건, 빗썸 해킹사건, 야피존의 해킹 등으로 기존 거래소의 신뢰도가 많이 하락하고 '거래소는 블록체인이 아니다'라는 의견이 많이 나오게 되면서 문제가 커지게 되었다. 또한, 거래소의 안정성 문제와 거래소를 통하면 자금 추적이 가능하다는 문제도 대두되면서 탈중앙화 된 거래소에 대한 요구가 많아지게 되었다. 2019년 6월의 E사의 470억 사기 사건은 집중화된 블록체인 거래소의 문제점을 그대로 보여주고 있는 것이다.

해킹의 위협과 자금 추적 문제에서 자유로워진 탈중앙화 거래소에도 한계는 있다. 가장 먼저 유동성 문제를 들 수 있다. 거래량이 적으면 거래 성사가 잘 이뤄지지 않기 때문이다. 다시 말하면 중앙화를 통해 집중하게 되면 취약점이 생기게 되고, 탈중앙화를 통해 분산을 하게 되면 안전은 강화되지만, 거래는 잘 이루어지지 않는 문제가 생기는 것이다.

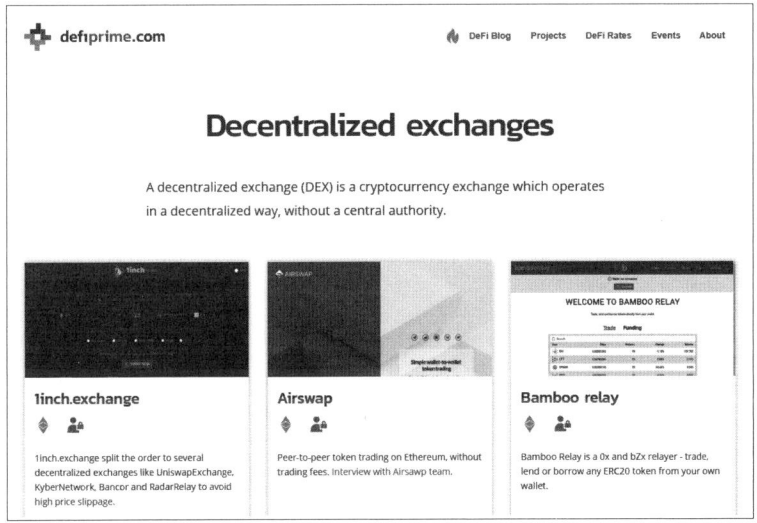

그림 5-3 다양한 탈중앙화거래소(defiprime.com)

4.
OTC(암호화폐 장외시장) 마켓

　암호화폐 자금세탁에 있어 정말로 위험한 거래는 거래소를 통한 거래가 아니다. 광산 채굴자, 전자지갑, 코인소지자가 암호화폐 거래소에서 거래하지 않고 OTC나 P2P로 거래하는 경우다.

　이 경우 테러 자금조달을 감시하는 것은 불가능하다. 현재 세계 각국의 노력으로 암호화폐 가격을 시장 가격 수준으로 끌어내렸고 일부 국가에선 암호화폐 소유, 유통, 거래를 원천 봉쇄해 자국 코인 거래자들을 해외거래소로 이동하게 만들었다. 또한, 암호화폐 거래소와 금융기관에 강력한 규제를 가해 많은 이용자들이 AML제도 안으로 들어올 수 있도록 유도를 하고 있는 중이다. 하지만 이는 거래소를 통해 KYC를 통해서 가입한 고객이고 직접 지갑을 가진 고객이 거래를 하는 P2P, OTC에서는 이런 것들이 무용지물이다.

　OTC란 Over the Counter의 약자를 말하며, OTC마켓이란 가상자산 거래소 바깥에서 벌어지는 시장, 주식시장에서 말하는 장외 시장과 비슷한 의미라 생각하면 된다. 보통 OTC거래는 보통 기관투자자, 채굴집단, 큰손 투자자가 많이 하게 된다.

리서치 전문기관 탭그룹(tapp group)의 발표에 따르면 전 세계 암호화폐 거래의 25%가 OTC마켓을 통해 이루어지고 있다고 한다. OTC마켓은 대부분 개인이기 때문에 거래 리스크와 고객 신원 확인에 대한 대응책이 있기 힘들다. 이런 필요에 따라 탄생한 것이 'OTC DESK'이다. 이들은 거래자의 KYC와 POC(proof of coin)까지 체계적으로 관리해서 사고를 최소화하고 있다.

그림 5-4 OTC DESK

5.
DID(탈중앙화 신원확인 시스템)

DID(Decentralized Identifier)는 데이터를 보관하는 중앙 거점 없이도 디지털 환경에서 자기 신원을 인증하는 인프라다. 예를 들어, 이용자는 새로운 서비스에 가입할 때 휴대전화 인증으로 절차를 마무리하거나 카카오톡, 페이스북 등의 계정을 통해 로그인한다. 전자는 통신사를 통해, 후자는 기존 소셜미디어를 통해 자기 신원을 증명하는 식이다. 이와 달리 DID는 '내가 나라는 것'을 인증하는 데이터를 분산형 저장고에 저장한다. 한마디로 분산 ID(DID)는 블록체인 기반의 모바일 신분증이라 할 수 있다.

2019년 7월 24일 'DID 얼라이언스 코리아(Decentralized IDentity Alliance Korea)'가 발족하였다. 한국에서도 DID의 중요성에 인식을 하고 있는 것이다.

기존의 자기 신원을 증명하는 방법은 여러 가지가 있다. 신분증을 제시하는 방법, ID, PWD로 인증하는 방법, 바이오 인증을 금융결제원에 등록하여 인증하는 방법인데, 대부분의 방법은 중앙집중형의 방식을 택하고 있다.

블록체인 세계에서는 자기신원을 증명하는 것은 중요한 이슈 중 하나이다. 자기신원을 증명하는 것은 앞서 이야기한 KYC의 영역이라고 볼 수도 있다. 분산 ID(DID)는 이 영역에서 표준으로 확고한 위치를 점유하고 있다.

아이콘루프의 디지털 신원증명 서비스인 '마이아이디(my-ID)'는 최근 금융위원회가 발표한 금융혁신지원특별법에 따른 혁신금융서비스 금융규제 샌드박스에 지정되었다. 이는 비대면 계좌 개설에 사용할 수 있는 디지털 ID 서비스로 개인정보 유출 문제가 없는 자기주권형(Self-

그림 5-5 DID 코리아 가입 신청서

Sovereign) 신원 증명 서비스로 구현될 예정이라고 한다. 신분 증명과 자금세탁방지는 상호연관 관계이며, 장기적으로 블록체인 AML에서 DID는 서로 상호 보완적인 관계로 발전해 나갈 것으로 예상되고 있다.

6.
제재 비트코인 주소 목록

  2018년 11월 미국 재무부의 제재 필수 목록에 개인의 비트코인 주소를 처음으로 포함시켰다. 미국 재무부는 KHORASHADIZADEH, GHORBANIYAN 두 사람이 랜섬웨어 바이러스 SamSam과 관련된 금융 거래에 관여하고 있다고 믿을 만한 근거가 있다고 발표를 하였다. 삼삼(SamSam) 랜섬웨어 공격자들은 돈을 내면 복호화 키를 잘 전달해 주는 것으로 유명하였는데, 이들 두 명이 기업, 병원, 대학 및 정부 기관을 포함한 200명 이상의 피해자에게 삼삼(SamSam) 랜섬웨어 공격을 한 것으로 파악하였다.

이름	비트코인 주소	국적	생년월일
KHORASHADIZADEH Ali	149w62ry42azbox8fgcmqnsxuzsstkeq8c	Iran	1979.9.21
GHORBANIYAN Mohammad	1ajzpmsnmpdk2rv9kqnfmurtxinscvro9v	Iran	1987.3.9

표 5-3 미국 재무부에 등록된 비트코인 주소 목록

미국 재무부의 웹사이트(https://sanctionssearch.ofac.treas.gov/Details.aspx?id=7334) 화면에 들어가면 아래의 검색결과를 보여주고 있다.

비트코인 주소, 생년월일, 국적, 여권번호, 이메일 주소등의 개인정보가 나오고 있다.

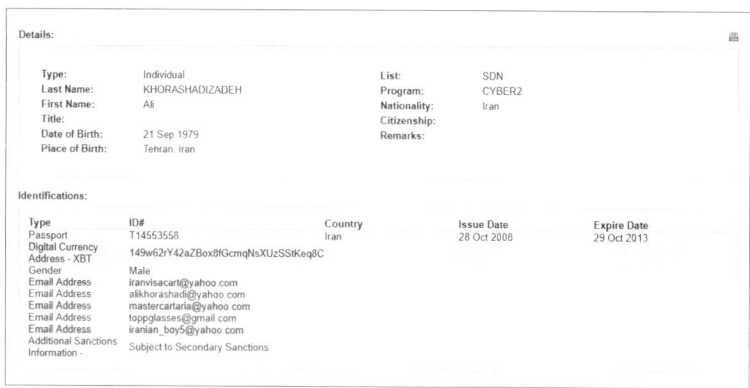

그림 5-6 미국 재무부가 처음으로 등록한 비트코인 지갑 주소

비트코인 보내기를 이용할 때 KHORASHADIZADEH Ali의 비트코인 주소인 '149w62ry42azbox8fgcmqnsxuzsstkeq8c'에 보낼 때는 정상적인 경우라면 보내기 전에 AML 시스템에서 경고를 보여주고 전송이 되지 않아야 하는 것이 정상이다.

7.
트래블 룰

FATF의 권고 안에서 거래소 간의 거래에서 가장 어려운 문제로 생각하는 부분은 트래블 룰이다. 암호화폐 거래자의 신원 정보 제출 의무를 '트래블 룰'이라 한다. 가상자산 거래소가 발신자(originator)와 수신자(beneficiary)의 이름과 계정 정보, 신분증명 서류, 실제 물리적 주소 등을 확인해야만 거래를 처리하도록 하는 것이다. 이는 기존 금융권에서 수행하는 업무 거래자 신원 정보 제출 의무와 같다.

FATF는 이를 지키지 못하는 업체에게 사업 중지 처분을 하도록 요구하고 있다. 거래소는 규제 당국이 이에 대한 정보를 요구할 시 거래 당사자들의 정보를 제공해야 한다.

또한, 거래소는 문제되는 제재대상의 계좌를 동결하거나 거래를 금지할 수 있어야 한다. 은행처럼 WLF에 걸리면 돈을 보낼 수 없게 해야 한다. 당장 적용이 어렵다면 보내는 사람은 KYC, 받는 사람은 KYT형태를 통해서 과도기적인 상황을 최대한 빨리 넘어 갈 수 있도록 하고, 장기적인 대안을 현실화 시켜야 할 것이다. 2019년 3월 29일 대검찰청이 한국블록체인협회에 '가상화폐주소 조회시스템 개발 협조 요청'이라는 제목의 공문을 발송했다. 대검은 "가상화폐를 이용한 자금세탁과 테러 자금 조달, 사기, 유사수신 등 가상화폐 관련 범죄 수사를 위해 가상화폐 주소를 조회, 거래소를 식별하는 시스템을 개발해 수사에 활용할 것"이라고 밝혔는데, 사실 이러한 주소에 대해 식별하는 것이 KYT라 할 수 있기 때문에 이를 활용하는 것이 가장 좋은 방법이라 할 수 있다.

블록체인은 모든 거래가 기록되고, 내역 조회도 가능하다. 하지만 이 블록이 실제의 누구와 연결이 되지 않도록 거래하는 것도 가능하다. 탈중앙화의 개념을 반대하는 중앙의 집중된 기관이나 단체에 모든 거래가 자금추적이 가능할 수 있다.

표 5-4는 가상자산 거래시 경우의 수이다. 여기서 거래소와 OTC(장외시장)에 가입한 고객은 정상적으로 KYC(고객알기)를 수행한 경우라고 가정하였다. P2P거래, 전자지갑의 경우에는 트래블 룰을 적용하기 위한 KYC 혹은 KYT를 수행할 주체가 없기 때문에 문제가 된다.

	거래소(정상 KYC)	OTC(정상 KYC)	P2P, 전자지갑
거래소(정상 KYC)	가능	가능	불가
OTC(정상 KYC)	가능	가능	불가
P2P,전자지갑	불가	불가	불가

표 5-4 트래블 룰 적용 가능 사례

트래블 룰을 적용하기 위해서 정리한 것처럼 상호 정상적으로 KYC를 수행한 거래에서만 가능하다. 또한, 상대방이 거래한 주소에 대한 고객의 정보를 상호 전달해주어야 가능한 것이다.

그림 5-7은 국내 거래소 간의 이더리움 거래내역인데, 현재는 상대방에 대해 몰라도 전송 가능하다.

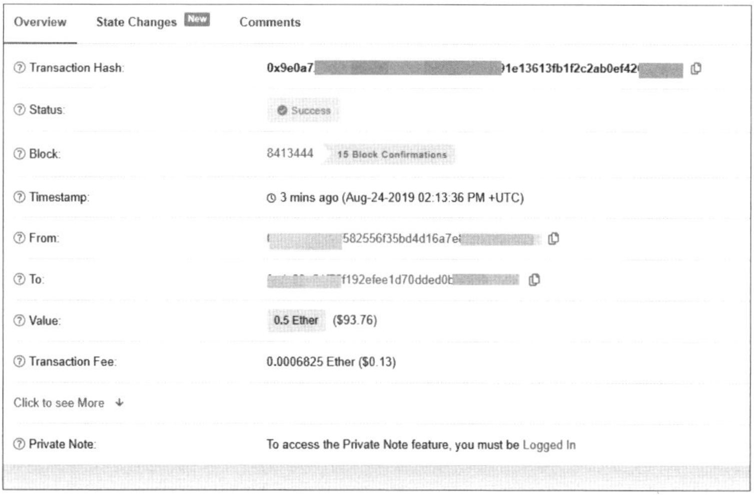

그림 5-7 코인원과 비둘기지갑(https://dovewallet.com) 거래내역

이런 상황을 해결이 어려워 암호화폐 거래소 업계에서는 트래블 룰을 지킬 수 있는 방법이 없다고 여겨졌는데, 이를 지킬 수 있는 솔루션을 유스비(https://useb.co.kr) 2019년 7월 특허출원했으며, 서비스 어플리케이션 형태의 베타버전 'SSEND' 출시를 앞두고 있다.

이 솔루션은 쉽게 말해 글로벌 본인인증 앱서비스라고 볼 수 있다. 특히, 개인정보를 다 보관하지 않고 나누어서 암호화한 후 이 정보를 분리해 개인정보 유출로 개인이 누구인지 특정할 수 있는 가능성을 원천 차단하였다. 하지만 자금세탁이 발생하는 경우인 이상 거래에서만 각 기관이 가지고 있는 암호화된 정보 키를 모아 확인해볼 수 있게 함으로써 암호화폐 거래의 익명성을 보장하고 준법 서비스를 동시에 제공할 수 있게 해서 트래블 룰을 해결한 것이다.

8.
KYT(거래 알기)

암호화폐 특성상 출금신청이 완료되어 전송되면 취소가 불가하며 다른 암호화폐 주소로 입금하지 않도록 주소를 꼭 확인해 주어야 합니다.

출금신청 완료 이후 과정은 블록체인 네트워크에서 처리되며, 네트워크 상태에 따라 지연이 발생할 수 있습니다. 또한, 블록체인 네트워크에 코인원이 개입할 수 없기 때문에 지연 및 이상현상에 대해 코인원에서 추가 조치가 불가한 점 양해 부탁 드립니다.

출금은 코인원의 핫월렛에서 이뤄지기 때문에 회원님의 거래지갑 입금 주소와 실제 출금주소는 다릅니다. 결제 및 스마트 컨트렉트 관련 출금은 개인지갑 이용을 권장합니다. 부정 거래가 의심될 경우 출금이 제한 될 수 있습니다.

출처: 코인원 BTC출금안내 및 주의사항

이처럼 암호화폐에서 출금은 사실 어디로 가는 것인지 알 수 없기 때문에 아주 위험한 기능이라고 볼 수 있다. 받는 사람의 주소를 40자리의 기호로 판단을 하므로 누구에게 전달된 것인지 전혀 알 수 없다.

그림 5-8 코인원 입출금 내역

	KYC	KYT
정의	고객알기	거래알기
적용분야	금융, 핀테크	블록체인 거래
의의	고객의 신원을 파악	개별 거래에 대해서 파악을 한다.
자금추적	고객의 전 거래에 대해 자금 추적이 쉽다	개별 거래에 대해서만 추적가능, 고객의 전 거래에 대해 추적이 불가능

표 5-5 KYC와 KYT 비교

기존 송금 거래에서는 주로 KYC(고객알기)를 통해서 고객의 신원을 확인해서 송금을 제한하였는데, 블록체인 거래 내역은 다 기록이 되어 있지만, 거래 내역의 주인은 알 수가 없어서 KYC(고객알기)는 수행하기가 어려워, KYT(know your transaction)를 수행할 수밖에 없다.

비트코인과 같은 블록체인 기반 화폐의 가장 큰 장점은 모든 거래 데이터가 기록되어 있고, 데이터를 볼 수 있는 방법이 존재한다는 것이다. 이런 데이터는 사실상 모두에게 공개되어 있는 셈이다. 다만 알 수 있는 것은 어느 곳에서 어느 곳으로 얼마가 갔는지, 가고 있는지이다. 계좌의 주인은 누구인지 쉽게 알 수 없다. 하지만 거래 데이터가 남아 있기 때문에 특이한 돈의 움직임이나 흐름을 추적하면, 마약이나 범죄에 사용된 자금의 주인을 추적할 수 있다. 블록체인의 투명성 덕분에 지금 이 시간에도 비트코인의 거래 이동 데이터는 누구나 볼 수 있다. 다만 정상적으로 거래된 내역만 추적 가능하다. 다음에 이야기할 믹싱이나 텀블러를 통한 경우에는 자금추적이 어렵다.

이러한 거래내역을 가지고 정당한 거래인지, 범죄 및 자금세탁 거래에 쓰인 지갑주소와 동일한지 여부를 가리는 것이 KYT라 할 수 있다.

그렇다면 실제로 비트코인 거래를 통해서 KYT사례를 찾아보자.

2019년 7월 중국 가상통화 전자 지갑 업체 플러스 토큰(Plus Token)이 먹튀 의혹을 받고 있다. 2019년 6월 27일부터 플러스 토큰 지갑에서는 가상통화 출금이 불가능한 상태다. 플러스 토큰 한국 커뮤니티 측은 공지를 통해 "지난달 29일 바이낸스를 해킹했던 해커가 플러스 토큰 지갑에 입금하려는 것을 포착했다"며 "투자자를 보호하기 위해 출금을 정지했다"는 공지를 올렸다. 플러스 토큰의 총 피해액은 200억 위안 (약 3조 3,610억 원)으로 알려져 있다. 플러스 토큰의 피해액 중 일부는 3개의 비트코인 주소로 분산되어 저장이 되었다.

BTC 주소	BTC 거래 수량	비고
14BWH6GmVoL5nTwbVxQJKJDtzv4y5EbTVm	95,228	
31odn4bxF2TgM4pD7m4hdSr1vGMsjh9ugV	68,562	
33FKcwFhFBKWHh46Ksmxs3QBu8HV7h8QdF	37,922	

표 5-6 플로스 토큰 분실 BTC 일부 주소 목록

이를 다시 https://www.blockchain.com 에서 비트코인 주소를 검색하면 아래와 같은 결과가 나온다.

요약	
주소	14BWH6GmVoL5nTwbVxQJKJDtzv4y5EbTVm
Hash 160	22e4f9fe496b19f2849111b38e334d9b008c0a94
거래	
거래 수	494
총 수신량	95,228.48288835 BTC
최종 잔액	0.000012 BTC

결제 요청   기부 버튼

그림 5-9 플로스 토큰 주소 검색 결과

플러스 토큰의 거래를 추적한 트위터 @cyrii_MM가 올린 거래내역 분석을 보면 하나의 거래가 3개의 비트코인으로 분산되어 저장된 것을 볼 수 있다.

9.
텀블러와 믹싱

텀블러와 믹싱의 실제 예를 들어보자 아래 그림은 플러스 토큰의 거래를 추적한 트위터 @cyrii_MM가 분석한 거래내역이다. 이렇게 거래를 분산하는 것을 텀블러 혹은 믹싱으로 불린다.

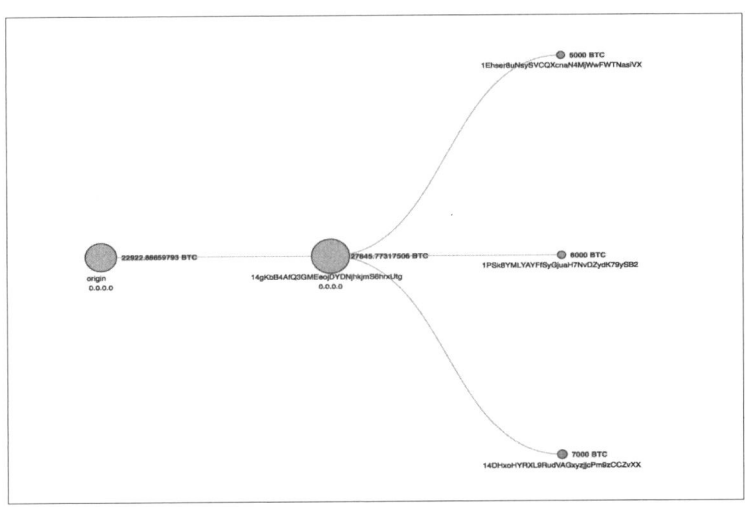

그림 5-10 플러스 토큰의 BTC 분할 | 출처: https://twitter.com/cyrii_MM/status/1161715655835619334/photo/1

그림 5-10은 2019년 8월 15일 플러스 토큰의 22,292 BTC 코인이 3갈래로 나누어진 경로를 보여주는 그림이다. 첫 번째가 5,000 BTC, 두 번째가 6,000 BTC, 마지막이 7,000 BTC로 나누어진 것이다.

기존의 돈세탁과 블록체인의 돈세탁도 본질적인 방법은 비슷하다.

	기법	블록체인 돈세탁	기존 돈세탁	비고
1단계	레이어링	암호화폐 시스템 돈을 넣은 뒤, 믹서나 프라이버시 코인 이용해서 자금을 여기 저기 옮긴다	비싼 물건을 범죄로 번 돈으로 사고, 물건 되파는 경우 해당	돈이 많이 움직일수록 추적 힘들다
2단계	믹서 (텀블러, 포거)	여러 고객들로부터 코인을 받아서 섞은 후 이를 재분배	여러 곳에서 돈을 받아서 출처를 파악하지 못하도록 하는 것	들어오는 돈 나가는 돈 다른 블록체인에서 관리, -자금 연관 불가능

표 5-7 블록체인 돈세탁 기법 비교 | 출처: 보안뉴스 기사를 재 편집

네덜란드 금융범죄수사국(The Dutch Financial Criminal Investigative Service)이 비트코인 믹싱 사이트를 적발해 폐쇄했다. 수사는 유로폴과 유럽 내 여러 수사 당국의 공조로 진행되었다. 유로폴은 베스트믹서닷 아이오(Bestmixer.io) 사이트를 폐쇄 조치했다. 이는 암호화폐 믹싱 사이트에 대한 최초의 사법 집행으로 경찰은 수사 과정에서 룩셈부르크와 네덜란드에 있는 여섯 개의 서버를 압수수색 했다.

믹서(mixer), 혹은 텀블러(tumbler)로 불리는 믹싱 사이트는 비트코인 거래에서 자금의 출처를 숨기기 위해 사용되는 곳이다. 믹싱(Mixing)은

다수 계정의 암호화폐를 섞거나 다량의 중계 트랜잭션을 거친 뒤 목표 출금 주소를 보내는 활동을 의미한다. 원래 믹싱은 다른 사람이 자신의 거래내역을 알아보지 못하게 하는 의도로 쓰였으나, 지금은 자금 세탁에 악용되기도 한다.

앞서 예를 든 믹싱 사이트인 베스트믹서닷아이오(Bestmixer.io)는 비트코인 거래가 완료되면 사이트에서 새로운 거래 기록을 허위로 생성해 본래의 거래 기록을 감춰버린다. 사용자는 특정 주소로 비트코인을 보내고, 이후 전혀 다른 주소로 해당 코인을 되돌려 받는다. 수수료는 전송하는 금액에 비례해 측정된다.

그림 5-11 대표적인 믹서 사이트인 베스트 믹서

유로폴은 성명서에서 "베스트믹서를 거쳐 간 대부분의 자금은 범죄에 연루된 것으로 나타났다"며, "범죄 자금을 은닉하거나 세탁하는 용도로 사용된 것으로 파악된다"고 전했다. 성명서는 이어 "베스트믹서는 지금까지 약 2만 7천 개의 비트코인 거래를 진행하며 주소를 위장한 것으로 드러났다"고 설명했다.

이런 거래는 대부분 지캐시나 모네로와 같은 프라이버시 코인으로 이뤄진다. 물론 전반적으로 가장 인기가 높은 코인은 비트코인이다. 그러나 범죄자들 사이에서 모네로 등의 프라이버시 코인이 훨씬 더 강력한 익명성을 가지고 있다는 것이 알려지기 시작하면서 서서히 인기가 프라이버시 코인으로 옮겨가고 있다고 한다.

Chapter 6.
자금세탁방지 솔루션

Anti Money Laundering

전통적 WLF 리스트 제공회사는 KYC 기반 서비스를 제공하고 있고, 블록체인 기반 회사는 KYT 서비스를 제공하고 있다. 언급한 회사 말고도 더 많은 자금세탁방지 솔루션 회사가 있다.

분류	블록체인 기반			금융업, 핀테크 기반	
	유스비	아르고스	체이널리시스	옥타, 센티넬프로토콜	다우존스
개요	암호화폐 전문 자금세탁방지 솔루션	암호화폐기업위한 자금세탁방지 솔루션	블록체인 분석업체	국내 AML 업체 센티넬프로토콜 협업	WLF 리스트, 기업정보 제공
소재	국내	국내	글로벌	국내, 싱가포르	글로벌
설립	2018	2018	2015	2012, 2018	1882
레퍼런스	Tena protocol, Rapidz	플루토, Terra, Carry	세계1위 거래소 Binance, 라인	해외 송금업체, Kbank 사용	A은행 제외 국내은행, 코인원
비고	KYT, 암호화폐 난제 트래블 룰 솔루션	KYC, AML 하나의 프로그램으로 진행	10종의 암호화폐 추적, 감독 기능	레그테크, 바이낸스 해킹 데이터 뉴스	전 세계 1위 WLF 업체

표 6-1 블록체인 기반과 금융업, 핀테크 기반 AML 솔루션 비교

1.
UN 및 각종 제재대상 목록

 2016년 9월에 40대 여성이 외국으로 보낸 돈이 김정은 북한 노동당 위원장과 이름이 같다는 이유로 미국의 한 은행에 동결되는 일이 발생했다. 신한은행 등에 따르면 김정은(45·여)씨는 8월 10일 양천구의 은행지점에서 남아프리카공화국에 사는 언니에게 3천만 원(미화 약 2만7천 달러)을 송금했다. 13년째 남아공에 거주하는 김씨 언니는 최근 영주권을 취득하고서 안정적인 생활을 위해 주택을 사들이기로 했고, 부족한 돈을 김씨로부터 지원받기로 한 것이다.

 그러나 돈을 보낸 지 20일이 지나도 남아공 은행에 입금되지 않았다. 김씨의 언니는 예정된 주택 구매 계약을 체결하지 못해 발만 동동 구르고 있었다. 김씨는 돈이 들어오지 않았다는 언니의 연락을 받았고, 은행을 통하여 확인한 결과 8월 30일 돈이 미국 뉴욕의 한 은행에 묶였다는 것을 알게 되었다. 통상적으로 3~4일 걸리는 해외송금이 지연되고 송금 자체가 거부된 것은 송금자 이름이 '김정은'이라는 이유였다. 앞서 신한은행은 김씨가 송금한 돈을 뉴욕의 한 중개 은행에 보냈고 이

은행은 남아공의 한 은행으로 돈을 보냈다.

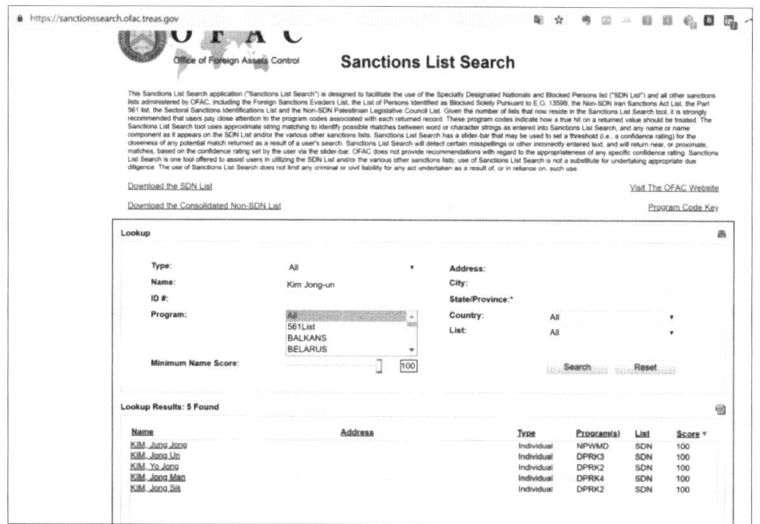

그림 6-1 미국 OFAC의 김정은에 대한 검색 결과

남아공 은행은 송금자가 김정은이라는 이름이어서 테러 자금으로 의심된다며 돈을 미국의 은행으로 돌려 보냈다. 돈을 돌려받은 미국의 은행은 북한 테러 자금 연관성을 검토한다는 이유로 신한은행에 돈을 돌려보내지 않았다. 문제는 미국의 은행이 진행하는 테러 자금 연관성 조사가 언제 끝날지 기약이 없다는 점이다. 왜 이런 일이 생기는지는 미국의 OFAC(해외재산관리국)을 찾아보면 알 수 있다. 김정은의 영문명으로 검색하면 북한의 김정은이 나오고 다시 상세 내용을 보면 korea, north라는 국적을 볼 수 있다. 해외 은행 입장에서는 일단 의심을 할 수밖에 없는 것이다.

제재대상자 목록은 기획재정부 사이트에서 다음과 같이 검색할 수 있다. (www.mosf.go.kr → 정책 → 정책자료 → 정책게시판(국제금융정책) → 검색란에 '제재' 클릭 → 금융 제재대상자 명단(최신 버전) → 파일 다운로드 → 'Ctrl + F' 입력 → 검색어 입력)

또 다른 대표적 제재대상자 목록인 유엔의 제재대상자를 찾으려면 유엔 사이트에 접속하면 된다. (https://scsanctions.un.org/r/)

그림 6-2 유엔의 제재 목록

2.
기획재정부의 금융 제재대상 목록

UN, OFAC만 제재대상을 정하는 것이 아니고 한국의 기획재정부도 제재대상을 정하고 있다.

그 근거인 「국제평화 및 안전유지 등의 의무이행을 위한 지급 및 영수허가지침」은 대한민국이 국제사회의 일원으로 우리나라가 체결한 조약 및 일반적으로 승인된 국제법규의 성실한 이행과 국제평화 및 안전유지를 위한 국제적 노력에 기여하기 위하여 제2조 제1항에 의한 금융 제재대상자 등과 같은 조 제2항에 규정된 자에 대한 지급 및 영수의 제한에 관한 사항을 규정함을 목적으로 하는 기획재정부의 고시이고 이를 근거로 제재대상을 정하고 있다.

이때 한국에 사는 거주자가 금융 제재대상자와의 외국환 거래를 하려면 한국은행 총재의 허가를 받아야 하며, 위반 시 거주자는 외국환거래법에 따라 3년 이하의 징역 또는 3억 원 이하의 벌금에 처하도록 되어 있다.

대부분은 해외 기관 OFAC, UN의 제재대상을 업데이트는 하는 경우이지만 독자적으로 제재를 추진하기도 하는데, 정부의 독자 대북 제재을 위해 기획재정부는 2016년 12월에 북한의 핵 개발 등 대량살상무기 개발 및 자금 조달 또는 지원 차단을 위한 관련으로 외국환거래법 및 국제평화 및 안전유지 등의 의무이행을 위한 금융 제재대상자 추가 지정을 고시하기도 하였다.

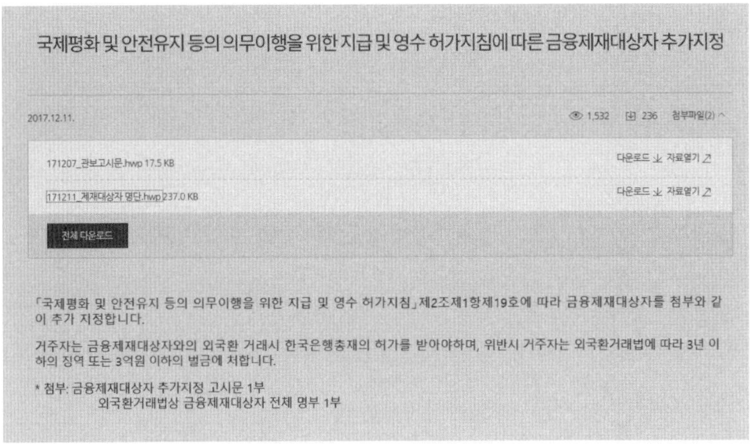

그림 6-3 금융 제재대상자 명단

우리나라 기획재정부의 금융 제재대상자 최신 명단은 2017년 12월 11일 자료이다.

총 60페이지의 명단을 다 살펴볼 수는 없고 3가지 사례만 예를 들었다. 이름과 생년월일, 성별, 국적은 있지만, 성별은 없는 경우, 단체 이름으로 올라와 있는 경우, 이름, 성별, 생년월일, 국적까지 가지고 있는 경우이다.

이름	생년월일	성별	국적
ABAUNZA MARTINEZ, Javier	01 Jan 1965	-	Guernica, (Spain)
Korea Pioneer Technology General Corporation (선봉기술총회사)			North Korea
KIM, Yong Su (김영수)	09.Fed.1969	Male	North Korea

표 6-2 기획재정부 제재대상 목록 샘플

    그 중 'ABAUNZA MARTINEZ, Javier'를 인터넷으로 검색을 해보면 2002년도 BBC 뉴스에서 "스페인 당국은 이번 주 프랑스에서 체포된 5명을 ETA에 바스크 게릴라 그룹의 몇몇 주요 구성원으로 포함했다고 밝혔다. ABAUNZA MARTINEZ, Javier는 1997년도 라파엘 마르티네즈 엠페라도 판사와 예수 쿠에 스타 아브릴 대령의 살해와 관련이 있다"는 기사를 찾아볼 수 있을 것이다.[*]

---

[*] 출처: http://news.bbc.co.uk/2/hi/europe/1966820.stm

3. 대검찰청 가상화폐 주소 조회시스템

2019년 3월 29일 대검찰청이 한국블록체인협회에 '가상화폐 주소 조회시스템 개발 협조 요청'이라는 제목의 공문을 발송했다. 대검은 "가상화폐를 이용한 자금세탁과 테러 자금 조달, 사기, 유사수신 등 가상화폐 관련 범죄 수사를 위해 가상화폐 주소를 조회, 거래소를 식별하는 시스템을 개발해 수사에 활용할 것"이라고 밝혔다.

대검찰청

수신자: 한국블록체인협회
(경유)
제목 가상화폐주소 조회시스템 개발 협조 요청

1. 귀 기관의 무궁한 발전을 기원합니다.
2. 대검찰청 사이버 수사과에서는 사이버범죄 사건의 수사지원, 수사기법 연구·개발, 국제 수사공조, 국제협력업무 등의 사이버수사 업무를 담당하고 있습니다.
3. 이와 관련하여 가상화폐를 이용한 자금세탁 및 테러자금조달, 사기, 유사수신 등 가상화폐 관련 범죄의 수사를 위해 가상화폐 주소를 조회하여 거래소를 식별하는 조회 시스템을 개발하여 수사에 활용하고자 합니다.
4. 이를 위해 한국블록체인협회 및 국내 가상화폐 거래소에 시스템 개발 필요한 자료제공, 추가 협의 등의 협조를 요청하오니 검토하여 주시기 바랍니다.

*시스템 개발에 대한 문의사항은 대검찰청 사이버수사과(   )에 문의하여 주시면 성실히 답변 드리겠습니다. 끝.

그림 6-4 대검찰청 가상화폐 주소 조회시스템 공문

대검찰청의 목적과 의도는 좋다. 암호화폐 사기 방지와 투자자 보호, 범죄 예방 등 순기능이 많다. 암호화폐 시장 제도화의 첫걸음이라는 전망도 나온다. 그러나 개인정보보호법과 외국 거래소 추적 등 넘어야 할 장애물이 많아 실효성에 의문이 제기되고 있는 현실이다.

실무적으로 10여 개의 거래소에서 검색을 해야 한다면 가상화폐의 주소와 어떤 코인인지를 알 수 있는 심볼명이 다른 경우가 있어서, 이런 부분에 대한 해결이 우선 선행이 되어야 할 것이다. 또한, 검찰이 암호화폐의 흐름을 파악하려면 거래소마다 이동하는 경로를 추적해야 하는데 사실상 우회할 수 있는 방법은 다양하다.

암호화폐를 외국 거래소로 보내 환전할 때는 국제적인 협조가 필요하다. 또한, 한국 블록체인 협회에 소속되지 않은 거래소를 통해 거래를 한 경우 추적은 더욱 어려워질 것이다. 한 업계 관계자는 "국내 범죄수익이 외국 거래소에서 자금 세탁되면 시스템 추적이 어려울 것"이라며 "무용지물 시스템이라는 비난을 받을 수 있다"고 지적했다. 그는 "대시와 모네로 등 추적이 어려운 암호화폐(다크코인) 등이 조회 시스템의 한계가 될 수 있다"고 말했다.

현재는 필요할 때 검찰이 거래소에 특정 계좌 등 정보를 요청해야 해당 계좌나 자금 정보를 들여다볼 수 있다. 그러다 보니 음지화된 각종 자금세탁, 사기, 해킹 사고 등 조사에 긴 시간이 필요했다. 암호화폐 주소 조회 시스템이 개발되면 암호화폐 관련 다양한 범죄 행위나 계좌 추적 등이 가능해지고, 불법 행위에 대해 보다 조속히 대응할 수 있다. 시스템 개발 및 향후 운영은 거래소와 대검찰청 사이버수사과가 전담할 것으로 알려졌다.

　대검 관계자는 "암호화폐가 거래되는 거래소 정보를 알 수 있는 시스템을 개발하는 것"이라며 "이를 넘어서는 개인정보는 여전히 영장을 통해서만 추적이 가능하다"고 말했다. 또한, 대검은 암호화폐, 핀테크 등 신종 범죄를 전담할 형사 10부의 개설을 검토하고 있다고 한다.

　사실 KYC라는 것도 결국 데이터의 수집인데, 이러한 대검찰청의 시도는 좋다고 본다. 이렇게 쌓인 데이터를 기반으로 White List 방식으로 먼저 거래소의 거래를 허용하는 것도 방법이 될 수 있을 것 같다. 물론 익명을 위해 가상화폐를 이용하였던 사람들은 싫어하겠지만 법의 테두리 안에 들어오려면 필요한 조치라는 생각이 든다.

4.
블록체인 자금세탁방지 솔루션 업체

블록체인의 자금세탁방지 솔루션은 다크웹과 연관된 솔루션이 많다. 전통적인 자금세탁방지 솔루션인 다우존스는 금융관련 데이터로 유명한 회사인데, 금융관련 데이터를 축적하여 AML 데이터를 제공하고 있는 회사이다.

유스비

FATF는 2019년 6월 암호화폐 권고안을 발표했다. 해당 권고안에는 암호화폐 거래 송·수신자 모두의 신원확인을 할 수 있어야 한다는 '트래블 룰'이 포함되었다. 2020년 6월까지 1년간의 유예기간이 주어진 만큼 암호화폐 취급업소는 그동안 대응책을 찾아야 한다.

이 트래블 룰로 인해 업계는 혼란에 빠졌으며 FATF가 암호화폐에 대한 이해가 부족하다고 비판했다. 발신자 정보는 거래소가 보유할 수 있지만 수신자의 신원정보를 확인하는 것은 불가능하기 때문이다.

국제자금세탁방지기구(FATF)의 권고안에 포함된 트래블 룰(Travel Rule)로 인해 업계가 혼란스러운 가운데, 유스비(http://useb.co.kr/)가 FATF의 국제적 수준에 맞게 트래블 룰을 해결할 수 있는 기술을 개발해 국내외 암호화폐 거래소들의 주목을 받고 있다.

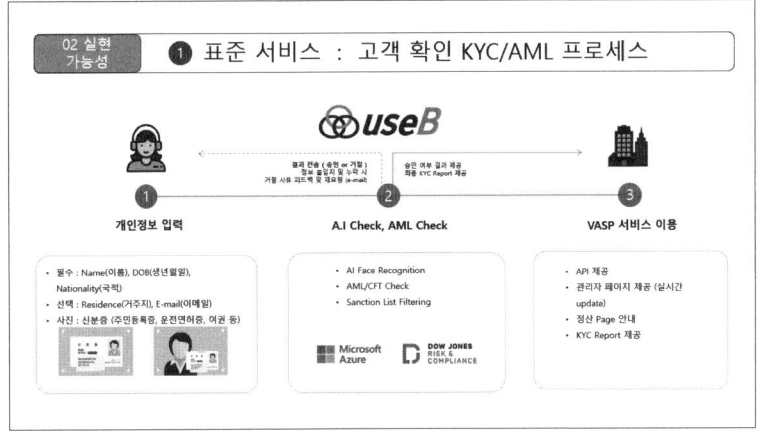

그림 6-5 유스비 고객 확인 프로세스 | 출처: 유스비

유스비(useB)는 트래블 룰을 지킬 수 있는 솔루션을 지난 7월 특허로 출원했으며, 서비스 어플리케이션 형태의 베타버전 'SSEND' 출시를 앞두고 있다. 이 솔루션은 개인정보를 전부 보관하지 않고 나누어서 암호화한 후 이 정보를 분리해 개인정보 유출로 개인이 누구인지 특정할 수 있는 가능성을 원천 차단했다. 자금세탁이 발생하는 경우에는 이상거래에 한해서만 각 기관이 가지고 있는 암호화된 정보 키를 모아 확인해볼 수 있게 했다.

유스비는 KYC, KYT, KYW(know your wallet)도 처리가능하고, 암호화

폐 거래소의 자금세탁 담당자를 위한 관리자 페이지도 제공하고 있다.

해당 기술을 개발한 김성수 유스비 대표는 "암호화폐는 이동되는 범위가 국제적"이라며 "글로벌 VASP가 사용할 수 있는 FATF 권고안의 국제 기준을 충족하는 모델이 될 것"이라며 "국내 암호화폐 거래소들이 국제자금세탁방지기구에 선제적인 대응을 돕는데 힘쓰겠다"고 말했다.

아르고스

아르고스(ARGOS)는 암호화폐 관련 프로젝트들의 실명인증(KYC, Know Your Customer)과 자금세탁방지(AML, Anti Money Laundery) 전문 솔루션 업체다. KYC는 투자자가 누군지 확인하는 것이다. 본인 사진

그림 6-6 아르고스DB의 특징 | 출처: 아르고스

이 포함된 신분증 사본에 있는 정보와 실제 정부에서 보관하는 정보를 매칭하는 작업을 육안으로 확인하는 과정을 거친다. AML은 국내외에서 벌어지는 '불법자금 세탁을 방지하는 시스템'을 말한다. 안영찬 아르고스 홍보 이사는 "KYC, AML에 대한 국가별 지침이 존재하지만, 외국인에 대한 지침은 아직 존재하지 않는다"며 "다만 암호화폐와 관련된 문제가 불거질 것에 대비해 주요 20개국(G20)이 자금세탁방지와 관련한 가이드라인을 만드는 중"이라고 말했다.

아르고스의 KYC는 딥러닝 기반의 이미지 인식 등을 통해 진행한다. 금융기관에서 사용하는 다우존스의 감시목록 데이터베이스를 사용해 이를 기반으로 한 자체 알고리즘을 통해 위험인물 등급을 나누어 AML을 실시한다. 아르고스는 "세계 각국에서 제출한 신분 증명 자료는 각양각색이기 때문에 조그만 오타나 손가락 등으로 가려진 정보가 있으면 알고리즘이 가짜로 판명하곤 한다"며 "우리는 머신러닝으로 1차 분석 후 수작업으로 2차 검증을 거쳐 상대적으로 높은 정확도를 확보했다"고 전했다.

아르고스는 다우존스(DowJones)의 감시목록 데이터베이스를 사용하고 있다. 실제 금융기관에서도 사용할 정도로 업계에서 인지도와 영향력을 가진 데이터다. 아르고스는 이를 기반으로 자체 알고리즘을 통해 위험인물 등급도 나누었다. 글로벌 제재 목록에 있으면 Sanction, 정치적으로 노출된 인물은 PEPs, 중범죄로 법적 절차를 밟고 있으면 SIPs 등 여러 등급으로 나누어진다. 프로젝트는 이를 기준으로 어느 부분까지 투자자로 수용할지 정하면 된다.

아르고스는 KYC·AML이 거부된 경우 그 이유도 알려준다. 사실 KYC·AML의 경우 대수롭지 않은 이유로 거부되기도 한다. 개인정보에 사소한 오타가 있거나 사진을 들고 찍을 때 손가락으로 일부가 가려져 거절당하기도 한다. 이에 대해 대부분의 업체는 거절 이유까지 알려주지 않는다. 투자자는 무엇이 잘못되었는지도 모르고 처음부터 다시 꼼꼼하게 해야 한다. 이런 부분을 알려주니 투자자와 프로젝트의 만족도가 높을 수밖에 없다.

아르고스는 2019년 7월 글로벌 부동산 공동투자 플랫폼을 운영하는 ELYSIA와 KYC/AML 스크리닝 서비스 이용 계약을 체결하였다. 세계적인 수준의 KYC-AML 업체가 되는 것을 목표로 나아가고 있는 국내 업체이다.

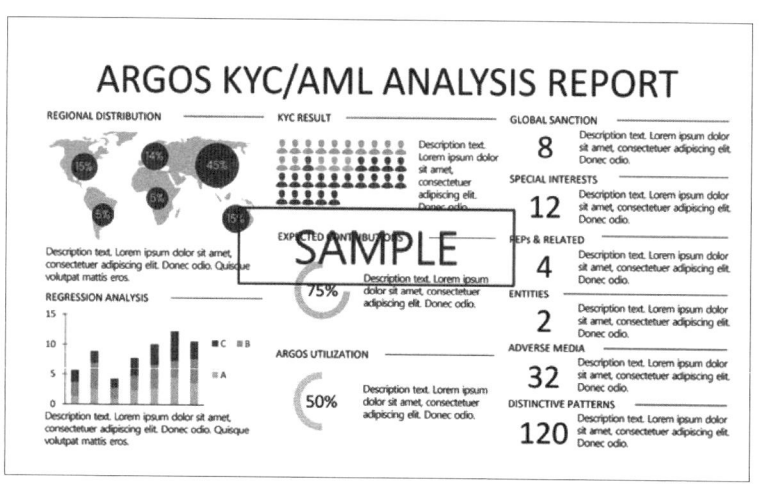

그림 6-7 아르고스 리포트 샘플 | 출처: 아르고스

체인널리시스

거래량 기준 세계 최대 가상자산 거래소인 바이낸스가 명확한 규정 준수를 위해 블록체인 분석 소프트웨어를 도입했다. 2018년 10월 17일 코인데스크 보도에 따르면, 바이낸스 거래소는 자금세탁방지(AML) 솔루션을 마련하기 위해 블록체인 분석 소프트웨어를 제공하는 '체인널리시스(Chainalysis)'와 파트너십을 체결했다.

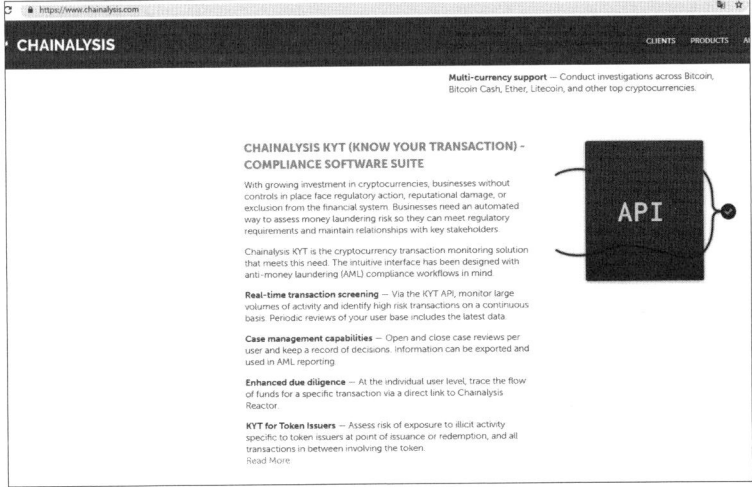

그림 6-8 체인널리시스 KYT

거래소는 체인널리시스의 소프트웨어 '노우유어트랜잭션(Know Your Transaction)'을 사용해 실시간 거래를 감시하고, 잠재적인 범죄와 불법 활동을 미연에 방지할 수 있게 된다.

바이낸스의 최고재무책임자(CFO) 웨이 저우(Wei Zhou)는 파트너십의 궁극적인 목적이 "누구나 안전하다고 느끼는 블록체인 환경을 만드는 것"이라며, 자금세탁방지를 위한 공동의 사전 대응이 중요하다고 강조했다.

웨이 저우는 "범죄는 시스템의 빈틈을 노린다. 이에 대응하기 위해서 지속적으로 새로운 기술과 방식을 찾아야 한다"고 덧붙였다. 그는 해당 조치로 암호화폐 산업 전반이 규정 준수 문제를 진지하게 받아들이는 데 긍정적인 영향을 끼칠 것으로 기대하였다.

거래소는 이미 고객 확인절차(KYC)와 자금세탁방지를 위해 많은 자원을 투입하고 있으며, 전문 인력도 확보한 상태이다. 체인널리시스의 도입으로 관련 규정 요건이 충족되면서, 거래소의 은행 계좌 개설도 더욱 수월해질 것으로 기대된다.

암호화폐 시장 발전을 위해 데이터와 기술에 대한 신뢰 구축의 필요성을 강조한 체인널리시스의 최고운영책임자(COO) 조나단 레빈(Jonathan Levin)은 "바이낸스와의 협력으로 모든 국가에서 신뢰 받는 건전한 시장의 토대를 다질 수 있을 것"이라고 소감을 전했다.

체인널리시스는 블록체인 분석 소프트웨어를 통해 암호화폐 거래를 감시·추적하고, 불법 거래를 저지하는 데 기여하고 있다. 금융, 규제당국에 정보를 제공하며 협력 중이다. 앞서, 미국 연방검사 출신 메리 베스 버커넌은 암호화폐가 범법 수단으로 잘못 인식되고 있다면서, 암호화폐를 추적할 수 있는 대표적인 프로그램으로 체인널리시스를 언급하기도 했다.

5.
핀테크, 금융업의 자금세탁방지 솔루션 업체

　1882년에 설립된 다우존스, 2008년도에 설립된 톰슨앤 로이터는 국내 은행에 대부분 자금세탁방지 솔루션을 제공하고 있다. 필자는 옥타 솔루션을 도입 운영해보았고, 다우존스도 경험해 보았다.

다우존스

　월스트리트 저널을 발행하는 다우존스는 다양한 해외 시장 정보 서비스를 제공하는 미디어회사로 금융업계에 거래 시 위험 및 요주의 인물/기관을 선별할 수 있는 자금세탁방지 관련 데이터를 제공하고 있다. 다우존스의 서비스는 국내 시중 은행의 95% 시장점유율을 확보하고 있으며 해외의 다양한 금융기관 및 기업에서 자금세탁(AML)의 위험성 최소화 및 고객 알기 정책(KYC)에 따른 고객 확인을 위하여 활발하게 활용되고 있다.

　Dow Jones Risk and Compliance 서비스의 주요 기능은 다음과

같다. 제재, 정치적 주요 인물 및 친척 또는 측근, 특별 관심 인물, 부정적 언론 매체 및 공기업 등 자금세탁방지 관련 데이터를 제공하고 있다. 전 세계 200개국에서 60개의 현지 언어로 관련 정보를 직접 리서치하고 있다.

광범위한 리서치로 제재대상에 대한 2차 식별 자료(성별, 생년월일, 국적 등)를 검색, 보완하여 상세한 스크리닝이 가능하다. 수신인들의 이름이 영어 외에 표기되는 경우를 대비해서 한글, 중국어, 일어를 포함한 다수의 원어 이름 검색 및 표기가 가능하다. 가장 큰 장점은 OFAC, UN 및 EU 등의 국제기구와 각국 정부 등의 거래금지 리스트 등 1,600개 이상의 리스트 제공하고 있는 점이다. 최근 외국환거래법 시행령 개정안에 따라 다수의 핀테크 사에서 AML 및 KYC 확인을 위해 이용하고 있고, 일부 블록체인 업체도 KYC 확인을 위해서 사용하고 있다고 한다.

옥타솔루션과 센티넬프로토콜

금융감독원의 레그테크에서도 소개가 되고 있는 옥타솔루션은 스스로 '레그테크 기반의 준법 지원 업무 솔루션을 개발, 공급하는 업체'로 정의하고 있다.

완성된 핀테크사 맞춤형 자금세탁방지 솔루션을 단계별로 확장하여 구축하고 있으며 CLOUD, Rule, Big Data Analysis 등 REGTECH 기술을 적용하고 있다. 또한, WLF를 위한 블랙리스트, 비영리단체, 공공기관 및 국가별 데이터 실시간 제공 Watch List DB, 라이센스, 구축비,

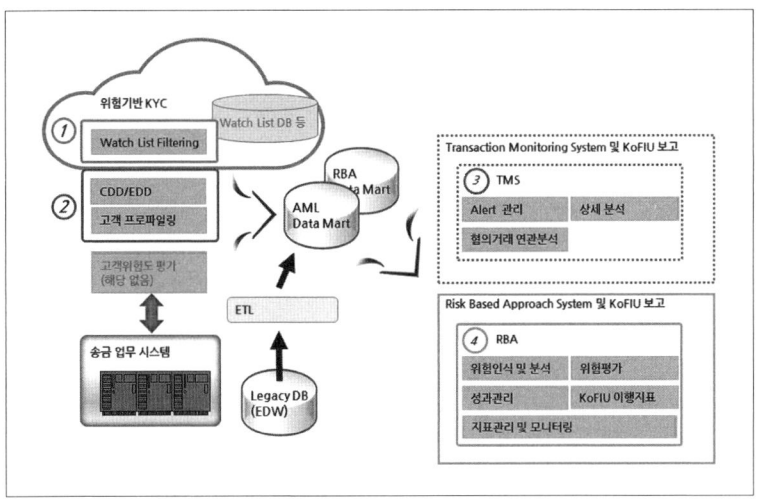

그림 6-9 옥타 맞춤형 AML 안내 자료

	다우존스	옥타
정의	다양한 해외 시장 정보 서비스를 제공하는 미디어회사	레그테크 기반의 준법 지원 업무 솔루션을 개발, 공급하는 업체
설립연도	1882	2012
주사무소	미국	한국
비용	건당 비용 청구	월 정기 사용료 청구
기능	리스트만 제공	결제 기능 등 제공
레퍼런스	국내 주요 은행	핀테크, 해외송금

표 6-3 다우존스과 옥타 비교표

유지보수 등을 통합하여 월 사용료를 청구하고 있다.

옥타솔루션과 센티넬 프로토콜이 협업하여 만든 크립토 AML-프리즘은 해킹과 보이스 피싱 등에 암호화폐가 사용되는 것을 사전에 차단

Chapter 6. 자금세탁방지 솔루션 **207**

할 수 있다. 송금 후에도 거래 경로를 추적해 재발을 방지할 수 있다. 또 의심되는 거래는 금융정보분석원에 보고해 자금 세탁이 이뤄지지 않도록 할 수 있다.

옥타솔루션은 국내의 자금세탁방지 솔루션이며, 해외송금업에 주로 적용이 되어 있고, 은행에는 K-bank 솔루션을 납품하고 있는 것으로 알려져 있다. WLF리스트를 제공하고 PEP에 대한 3단계 결제 기능을 제공하고 있어, 자금세탁방지 솔루션의 기본 기능을 제공하고 있다고 볼 수 있다. 이러한 옥타 솔루션은 KYC와 KYT에 대응하기 위해 센티넬 프로토콜과 협업하여 블록체인의 자금세탁방지에 적용을 하고 있다.

누구나 신고하면 전문가들이 검증하는 TRDB는 센티넬 프로토콜의 핵심 기능이라 할 수 있다. 모든 보안 위협 정보(URL, 도메인, 아이디, 지갑주소, 이메일 주소 등)를 모아서 관리하며 기본적으로 블랙 리스트(Blacklist)와 화이트 리스트(Whitelist)로 이뤄진다. 블랙리스트에 오르면 접근이 차단되고, 화이트 리스트에 등록된 경우만 접근을 허용한다.

TRDB는 현재 EOS에 기록되어 관리 중이다. 패트릭 김 대표는 보안 위협정보는 누구에게나 필요한 정보인 만큼 누구나 접근할 수 있는 블록체인이 최적의 플랫폼이라고 설명했다. 또 위협정보의 신뢰도를 담보하기 위해 수집된 정보를 임의로 수정할 수 없어야 한다는 조건도 만족했다고 덧붙였다.

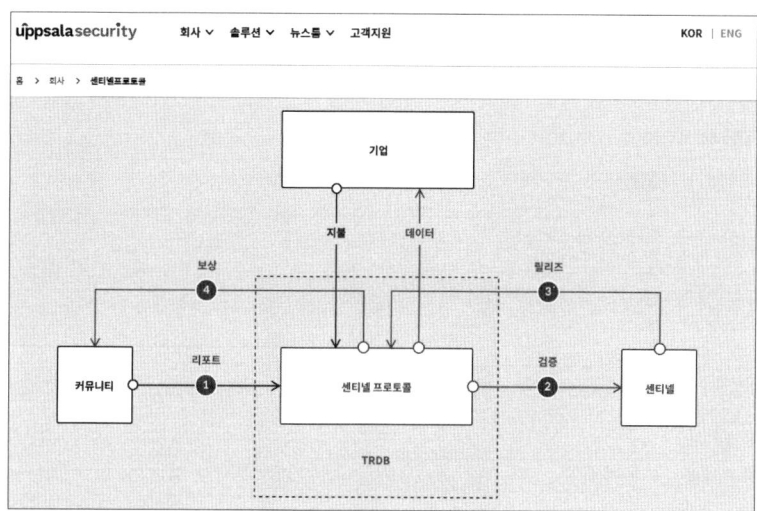

그림 6-10 센티넬프로토콜의 암호화폐 추적 솔루션인 CATV

Chapter 1.
자금세탁방지 관련 업무

암호화폐 전송에 있어 국내 거래소와 해외 거래소 간의 거래로 나누어지는데, 해외 거래소와의 거래를 해외송금으로 보는 경우 한국은행에 보고가 필요할 수도 있다. 핀테크 회사는 해외송금을 하는 경우에는 한국은행에 보고가 필요하다.

2019년 9월 금융결제원의 오픈뱅킹 이용을 사전에 신청한 업체는 100여 곳에 달하는 것으로 나타났다. 대형 핀테크인 토스와 뱅크샐러드를 비롯해 네이버페이·SK플래닛·LG CNS 등 대기업 계열사들도 신청 의사를 밝혔다.

기존의 고객의 계좌에서 돈을 출금하는 방법은 밴사를 이용하였으나, 수수료가 저렴하고 한 은행이나 핀테크기업의 앱을 통해 본인이 소유한 모든 계좌 조회가 가능하고, 자금의 출금이체도 가능해지게 된다.

은행권이 오픈뱅킹 시범 가동을 앞두고 긴장하고 있다. 은행과 핀테

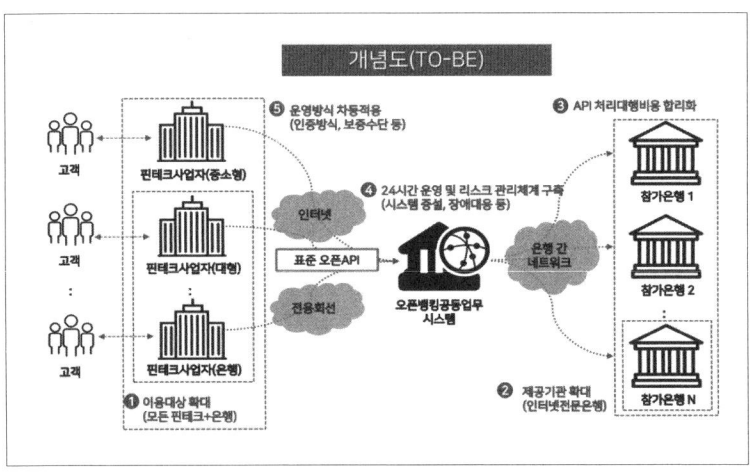

그림 7-1 금융결제원의 오픈뱅킹공동 업무 추진 현황

크기업 간 디지털뱅킹 주도권 향방이 결정될 수 있기 때문이다. 금융위원회는 10월 은행권 오픈뱅킹 시범 실시 등을 거쳐 12월 중 전면 시행할 계획이라고 한다.

　기업은 금융결제원의 오픈 플랫폼을 이용하게 된다. 이런 오픈 플랫폼을 이용하기 위해서는 금융보안원의 점검을 받아야 한다.

1.
한국은행 보고

  2019년 6월 정부 간 기구 FATF는 암호화폐 회사를 상대로 새로운 자금세탁방지 기준인 1,000달러(2019년 9월 말 기준. 원화 120만 원)이상 전송하는 경우 한국은행에 보고하도록 했다.

  국내 거래소와 해외 거래소 간의 거래로 나눈다. 1,000달러 미만을 해외송금으로 보느냐에 따라 달라진다. 해외 거래소와의 거래를 해외 송금으로 보는 경우 송금이나 수신을 할 때에 한국은행에 보고가 필요할 수도 있다.

  한국은행 외환전산망 보고 기관은 한국은행을 직접 연결하는 기관과 간접 연결하는 기관으로 나누어진다. 직접 연결기관은 전용통신회선과 별도 보안장비를 갖추고 한국은행 신외환전산망에 직접 접속하는 기관을 말한다. 간접 연결기관은 전용망 구축에 따른 비용부담으로 ㈜코스콤, 한국예탁결제원등의 중계 기관을 경유하여 한국은행 신외환전산망에 간접 접속하는 기관을 말한다.

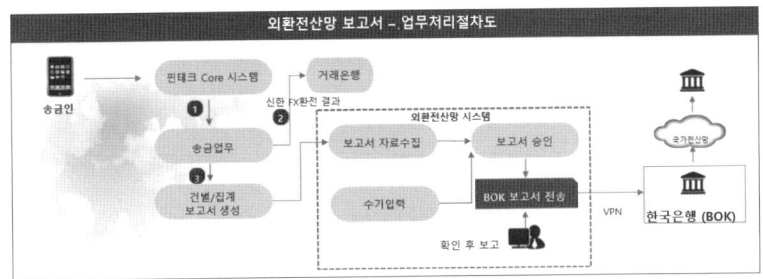

그림 7-2 한국은행 외환전산망 보고 절차

    한국은행은 집중기관으로부터 외환전산망을 통해 입수된 외환거래 등에 관한 자료를 제공받고 있으며, 한국은행, 기획재정부, 국세청, 관세청, 금융정보분석원, 금융감독원, 예금보험공사, 국제금융센터, 금융위원회 등 9개 기관이 이용하고 있다.

    2019년 4월에는 2018년 전자지급서비스 이용현황을 발표하였으며, 그 외 핀테크와 관련된 통계 등도 제공하고 있다.

	2016	2017(A)	2018(B)	증감(B-A)
이용건수	153 –	695 (353.6)	1,406 (102.5)	712
전자금융업자	140	647	1,328	681
금융회사	13	47	78	31
이용금액	7,149 –	35,547 (397.3)	104,546 (194.1)	69,000
전자금융업자	6,692	32,735	98,210	65,475
금융회사	456	2,812	6,337	3,525

표 7-1 2018년도 간편송금 서비스 현황 (천건, 백만원)

한국은행의 통계자료를 보면 2018년 중 간편송금 서비스 이용실적(일평균)은 141만 건이고, 1,045억 원으로 전년대비 각각 102.5%, 194.1%가 증가하였다.

아래 표 7-2는 소액 해외송금업에서 매일 보고하는 당발송금거래액 표이다. 주말에는 금·토·일 보고를 한번에 해야 하므로 많은 시간이 걸리기도 한다.

FX1012	보고서명	소액 당발송금거래				
	업무담당					
	근거규정	외국환거래규정 제3-4조 제3항				
	작성기관	소액 해외송금업자				
	보고개요	보고대상 점포그룹구분 : 본점일반(1) / 보고주기 및 시한 : 일보(익영업일 11시)				

NO	항목	필수	속성	길이	KEY 항목 여부	분석 항목명	비고
1	보고기관 코드	M	X(4)	4	Y		집중기관에서 송금업자별로 부여한 코드
2	취급점포 코드	M	X(4)	4			보고기관에서 취급부서(지점) 구분이 필요한 경우 4자리 코드를 입력. 별도 구분이 필요가 없는 경우 0001 입력
3	취급점포 소재지식 별번호	M	X(6)	6			취급점포의 우편번호 입력
4	보고점포 그룹구분 코드	M	X(1)	1	Y		'1' 입력

NO	항목	필수	속성	길이	KEY 항목 여부	분석 항목명	비고
5	전송일자	X	X(8)	8			보고서를 전송하는 일자를 입력하거나 빈칸으로 입력 만일 빈칸이거나, 잘못된 날짜이어도 집중기관에서 입수되는 날짜에 맞게 자동 입력처리
6	작성기준일자	M	X(8)	8	Y		YYYYMMDD. 송금을 접수한 일자 입력 (12번 항목과 동일)
7	전송횟수	X	X(2)	2			빈칸으로 입력 집중기관에서 일별.보고서별 도착 순서대로 자동 입력처리
8	전송구분코드	M	X(1)	1			1:정상(Insert), 2:삭제(Delete), 4:수정(Update)
9	처리번호	X	X(6)	6			빈칸으로 입력 집중기관에서 자동 입력처리
10	일련번호	M	X(20)	20	Y		거래 일련번호를 중복이 없도록 유일하게 입력 "-", "." 등은 생략하고 숫자, 영문으로 입력(한글금지)
11	송금업체 형태	M	X(1)	1			1:소액 해외송금업자(독립형) 2:소액 해외송금업자(위탁형)
[송금액 정보]							
12	송금접수일자	M	X(8)	8			YYYYMMDD, 송금의뢰인으로부터 송금을 의뢰를 받은 일자
13	송금접수시간	M	X(6)	6			HHMMSS, 송금의뢰인으로부터 송금을 의뢰를 받은 시간
14	송금통화코드	M	X(3)	3		(CODE 18)	송금 의뢰를 받은 화폐의 통화코드. (원화인 경우 "KRW" 입력)
15	송금외화금액	M	9(15,2)	16			송금 의뢰를 받은 금액. (단위: 해당통화)

NO	항목	필수	속성	길이	KEY 항목 여부	분석 항목명	비고
16	USD환산 환율	M	9(15,2)	16			송금외화금액(15번 항목)을 USD로 환산(17번 항목)시 적용한 환율
17	송금USD 환산금액	M	9(15,2)	16			송금외화금액(15번 항목)을 USD로 환산한 금액(단위:USD)
18	송금 수수료	M	9(15,2)	16			송금수수료(단위:원)
[송금의뢰인정보]							
19	송금 의뢰인명	M	X(60)	60			국내 당발송금 의뢰인 성명
20	송금 의뢰인 실명확인 번호 구분 코드	M	X(2)	2			01:주민등록번호, 02:사업자번호, 04:외국인등록번호, 99:기타 실명확인방법이 주민등록번호,사업자번호,외국인등록번호 이외의 방법인 경우 "99:기타" 입력
21	송금 의뢰인 실명확인 번호	M	X(15)	15			주민등록번호, 사업자번호, 외국인등록번호, 기타 인증번호 입력 20번 항목에서 "99:기타"을 입력한 경우 수취인 실명확인에 사용된 인증번호 등을 입력 "-", "/", "." 등은 생략하고 입력
22	송금 의뢰인 국가코드	M	X(2)	2		(CODE 25)	
23	누적 송금액	M	9(15,2)	16			본건 송금 후, 송금의뢰인 실명확인번호의 년간 누적 외화송금액을 USD로 환산한 금액(단위:USD)

NO	항목	필수	속성	길이	KEY 항목 여부	분석 항목명	비고
24	송금 의뢰인 관리번호	M	X(20)	20			송금업자가 송금의뢰인별로 부여한 고유번호(고객관리번호 등). 송금의뢰인실명확인번호(21번 항목)별로 하나의 송금의뢰인 관리번호를 부여해서 관리해야 함
[송금수취인정보]							
25	수취인명	M	X(60)	60			국외 당발송금 수취인 성명
26	수취인국가코드	M	X(2)	2		(CODE 25)	
〈작성시 유의사항〉							
	▶ 보고서 설명 : 국내 고객으로 부터 송금대전을 받아서 국외로 송금하는 경우 보고						

표 7-2 한국은행 해외송금 보고표

　해외송금을 하는 은행도 매일 송금현황을 한국은행에 보고하게 되어 있다. 만약 가상자산 거래소가 등록된다면 국내의 보내기 기능과 해외로 보내는 영역이 구분되어서 한국은행에 등록이 필요할 것으로 보인다.

2. 금융결제원

 은행권을 아우르는 핀테크 서비스 출시를 위해서는 은행 모두와 개별적으로 협약을 맺어야 하는 번거로움이 있었다. 또한, 전산 표준이 다른 복수 은행과의 호환에 어려움이 있을 수 있었다. 이러한 어려움을 해결하고자 16개 시중은행이 자발적으로 참여하여 세계 최초로 참가은행과 핀테크 기업이 서비스 개발 과정에서 서로 소통할 수 있는 통로인 오픈

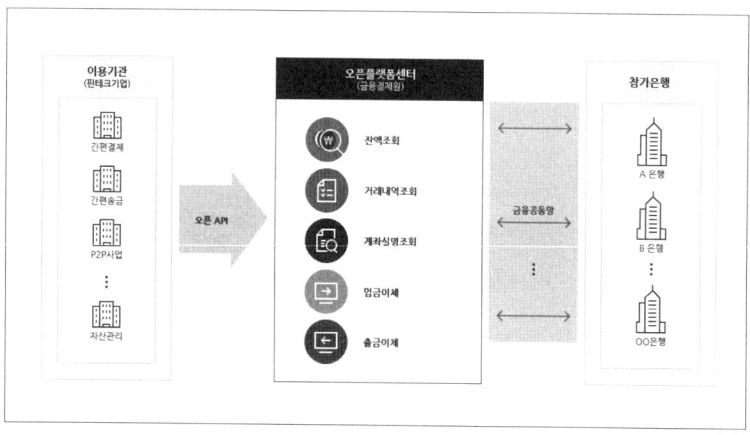

그림 7-3 금융결제원 오픈 플랫폼

플랫폼을 구축하였다. 모든 핀테크 기업이 이용가능한 것은 아니다. 금융위원회의 핀테크 산업 분류 업종 기업, 전자금융업자 또는 전자금융보조업자, 오픈뱅킹 운영기관(금융결제원) 인정기업이 대상이다.

금융위는 금융결제 인프라 혁신 방안을 통해 오픈 뱅킹 도입 방안을 발표(19.2.25)하였으며, 오픈 뱅킹 내 전자금융사업자의 자금세탁방지(AML)의무 사항을 시스템 내 이체 기능에 반영하여 컴플라이언스 문제를 해소할 예정으로 보인다. WLF(요주의 리스트 필터링) 기능을 수행하는 것은 아니고, 자금의 출처가 확인이 된다는 의미로 파악된다.

필자는 2017년 9월에 금융결제원 오픈 플랫폼과 업무협약을 하기 위해 회의를 했었다. 당시 필자가 몸담고 있던 소액해외송금 업체도 금융감독원의 승인을 받은 업체로 오픈 플랫폼과의 연계 개발해서, 해외송금에 활용하였다. 오픈 플랫폼은 개인당 천만 원의 이체 한도가 있었고, 핀테크 회사의 전체 출금 한도와 기본 보증 한도를 200%로 하여 최초 송금을 개시하였다.

오픈 플랫폼은 계속 확대 발전해 나가고 있고, 거래소가 가상계좌만이 아닌 출금 이체 서비스를 사용하여 소비자의 불편을 해소하면 더 좋은 서비스를 제공할 수 있을 것이다.

3.
금융보안원

　금융결제원 오픈 플랫폼을 이용하면 금융결제원의 보안 점검을 받게 된다. 금융보안원은 오픈 뱅킹 공동 업무의 안전한 운영 및 이용을 지원하고 금융 소비자를 보호하기 위하여 보안점검 업무를 수행하고 있다.

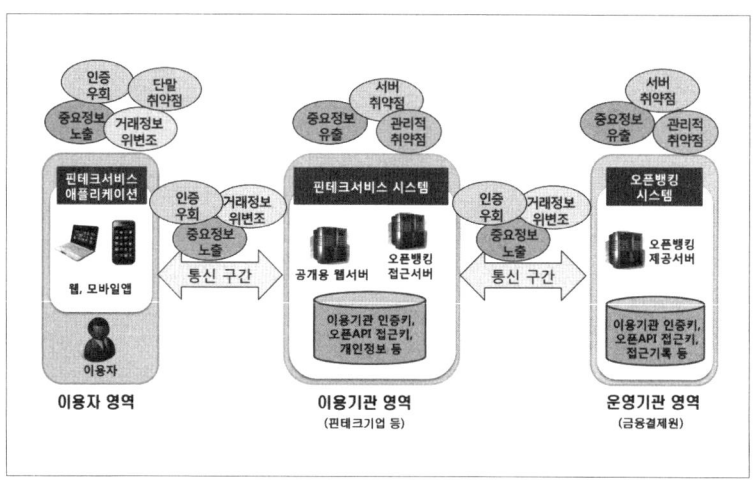

그림 7-4 오픈 플랫폼 주요 취약점

필자는 2018년 2월에 금융보안원의 보안점검 업무 협의를 위해 용인의 보안원을 방문하였다. 금융결제원과 오픈 플랫폼을 개발 시에는 오픈 뱅킹 환경에서 개발 및 테스트 완료 후 서비스 실시 전 플랫폼 별 5영업일 정도의 기간으로 금융보안원에서 개발한 취약점 점검 항목(웹 : 4개 분야, 12개 항목 / 모바일 : 5개 분야, 17개 항목)을 평가전문기관(금융보안원, 정보보호전문서비스 기업) 또는 이용기관자체 전담반을 통해 수행하고, 이상이 없으면 금융결제원의 서비스를 오픈 할 수 있다.

이용 기관 자체 전담반은 「전자 금융 감독 규정」 제37조의 제2항 요건(총 자산 2조원 이상& 상시 종업원수 300명 이상)을 충족하는 금융회사 및 전자 금융업자의 자체 전담반(정보보호 최고 책임자 포함 5인 이상)을 말한다. 금융보안원은 크게 새로운 금융 서비스 출현 지원, 안전한 금융정보보호기반 확립, 금융권의 자율 보안 지원 기관으로서 역할을 수행하고 있다.

4.
마무리하며

2019년 8월 비트코인은 10년 동안 존재하면서 기하급수적으로 성장해 현재 지구상에서 11번째로 큰 화폐가 되었다. 시가총액이 2,000억 달러를 조금 넘는 비트코인은 이제 한국, 호주, 캐나다, 브라질의 통화 공급량보다 많다. 통계에 따르면, 비트코인이 곧 러시아와 인도 같은 나라의 통화를 능가하며 상위 10위 안에 진입할 수 있다고 한다. 이렇듯 비트코인의 통화량이 많아질수록 자금세탁에 악용될 위험도 커지고 있는 것이다.

블록체인에서는 '보내기'라고 쓰고 '해외송금'이라고 읽는다. 사실 해외송금이나 마찬가지이다. 보내는 순간에 가상자산의 지갑주소를 판단해서 해외송금에 해당하는지, 국내송금에 해당하는지 알 수 없기 때문이다.

은행이나 핀테크 해외송금, 전자금융사업자는 자금세탁방지의무를 가지며, 자금세탁에 악용이 된 경우는 엄청난 제재를 받게 된다. 2019년 4월 이탈리아 최대 은행 유니크레디트는 벌금 13억 달러(약

1조 5,427억 원)를 내기로 미국 금융당국과 합의했다. 자회사인 하이포 은행이 이란 선적회사에 미국 금융거래 제재 회피용으로 불법 자금이 오가는 통로를 열어주었다는 혐의 때문이었다. 같은 달 영국계 은행인 스탠다드차타드(SC) 역시 이란 석유회사 등 거래 제재대상과 거래했다는 이유로 벌금 11억 달러(약 1조3050억 원)를 물게 되었다.

여기에 나오는 거래 제재대상 여부를 확인하는 절차를 WLF(요주의 리스트 필터링)이라고 하는데, 대부분의 은행은 다우존스의 리스트를 통해서 돈을 보내는 사람이나 받는 사람 양쪽을 확인하고 보내야 한다. 이러한 절차를 제대로 지키지 않고 달러를 송금했을 때, 미국 금융당국에서 제재를 내리는 것이다.

해외송금을 통한 자금세탁이 위험과 유사한 것이 블록체인을 통한 보내기라 할 수 있다. 거래량이 많지 않을 때는 각국의 금융당국과 국제자금세탁방지기구(FATF)에서 신경을 쓰지 않았지만, 세계 상위 10개 거래소의 한 달 거래량이 1,198억 달러(약 130조 원)에 달하여 더 이상 무시할 수 없는 금액이 된 것이고, FATF는 2020년 6월까지는 각국 정부들에게 FATF의 권고안에 따른 규제 정책을 실시하라고 한 것이다.

블록체인을 통한 송금은 표 7-3처럼 크게 3가지로 나누어 진다.

2019년 1월 체인파트너스의 리서치센터에서 진행한 연구 결과에 따르면 가격 하락으로 거래량이 크게 감소했지만 현재 전체 암호화폐 거래 25% 정도가 장외에서 거래됨을 밝혔다. 보고서는 상위 10개 거래소의 한 달 거래량은 약 1,198억 달러(약 130조 원)로, 장외 시장은 월 400억 달러(약 44조 원) 규모로 거래된다고 추정하였는데, 이를 근거로 보면 아래와 같이 추정을 해 볼 수 있다.

구분	비중	비고
장외 거래소인 OTC 마켓	20~25%	
거래소를 통한 보내기	70~75%	추정치
개인 지갑을 통한 전송	1~5 %	추정치

표 7-3 블록체인 거래비중

	현재의법	김병욱의원안	김수민의원안
정의	금융회사등	-기존 금융회사외에 분산원장 기술도 추가 -금융거래등의 거래 가상화폐 거래 추가	-가상자산 취급소 추가 -금융거래 등의 거래 가상자산 거래 추가
전신송금 정보제공	변경 없음	변경 없음	500만원 이상 송금시 송금, 수취인 정보 제공 불가능 시 총리령으로 제외
가상화폐 취급업자 신고의무	-	-	가상화폐 취급업자 FIU 신고
가상화폐 취급업자 신고의무	-	-	실명확인 입출금 계정 서비스 이용, 임직원 계좌와 별도 운영
신고	-	ISMS-P 인증 실명확인 입출금계정	-

표 7-4 현재법과 김병욱 의원, 김수민 의원 입법안 비교

기존의 솔루션인 가상통화 가이드라인, 특금법 규정, FATF안, 의원 입법안이 합해져서 새로운 규제안이 될 것으로 예상된다.

가장 영향력이 큰 것은 FATF의 권고안일 것이다.

태국은 FATF의 회원국이며 2019년 8월 FATF의 권고안에 따른 자금세탁방지법안 개정을 추진하기로 하였다. 만약 어떤 나라가 권고안에 정하는 룰을 준수하고 있지 않다고 간주된다면, 세계의 금융 네트워크에서 제외될 가능성이 있기 때문에 지킬 수밖에 없다.

그 다음으로는 기존의 규정, 가상통화 가이드라인, 의원 입법안을 따져보아야 할 것이다.

단기적인 대안

단기적인 대안인 허가제로 변해야 할 등록 요건은 기획재정부가 주도하고, 금융감독원이 실무를 맡아 허가한 소액 해외송금업을 참고를 해야 할 것이다.

표 7-5는 소액 해외송금업의 금융위원회에 등록하는 기본 요건이다.

FATF의 결정은 권고가 아닌 의무사항이기에 한국도 가상자산취급소는 그 권고를 따라야 할 것이다.

가상자산취급소의 등록요건은 금융위원회에서 최근에 실시한 등록 요건을 따라야 한다. 인터넷 은행과 해외송금업이 있는데, 가상자산취급소는 인터넷은행의 규모 만큼은 되지 않기 때문에, 기본 자본금 2억 원, 5명의 전산 인력, 2명의 외환인력 등의 조건으로 등록을 하도록 기획재정부가 요건을 정하고 금융감독원에서 등록을 한 2017년 7월의 해외송금업의 등록요건과 최근의 김병욱 의원안과 김수민 의원안을 종합해서 정보보호 요건으로 ISMS-P인증도 추가하여 등록 요건이 될 것으로 예측한다.

가입한 회원에 대한 인증은 비대면 실명인증방식이 될 것으로 예상이 되고, 자세한 내용은 'Chapter2.의 5. 비대면 실명 인증'을 확인하면 된다.

필자는 2017년 7월의 해외송금업 1호 사업자 등록을 위해서 금융감독원에 방문하였고, 실무적인 등록절차에 관여하여 1호 사업자를 취득하는데 주도적인 역할을 수행하였다. 금융감독원은 해외송금업은 1회 송금액이 3천 달러로 정해져 있어서 AML(자금세탁방지)은 필수요건으

구분	기준	비고
전산인력	5명	2년 이상의 경력 보유
외환인력	2명	
자기 자본	20억	자기자본 대비 부채비율 200%
금융결제원	오픈 API는 출금이체는 라이센스(전자금융사업자, 해외송금업자) 소유사만 가능	16개 은행에서 2개 인터넷 은행 추가 예정
금융보안원	오픈 API 사용시 금융보안원의 취약점 점검 필요	
금융결제원 출금이체 보증보험	1일 천만 원, 1일 송금액의 보증보험 필요	1일 10억 송금 시 10억 보증보험
금융감독원 보증보험	평균 영업 실적의 3일치	1일 10억 송금 시 30억
전산인프라	전자금융사업자에 준하게	
자금세탁방지	의심스러운 거래는 금융정보분석원에 신고하여야 함	
한국은행	직접 or 간접 연결 필요	
1인당 송금한도	3,000달러	
연간 한도	50,000달러	최초 30,000 달러
실명인증	금융위원회 비대면 실명인증	

표 7-5 소액 해외송금업 등록 요건

로 생각하지 않았지만, AML(자금세탁방지)계획을 수립하여 제출하였다. 이후 실제 송금전에 자금세탁방지 시스템을 구축하여 송금업무를 수행하였다. 2017년 9월에는 금융정보분석원을 방문하여 은행과 해외송금업자의 자금세탁방지에 대한 회의에도 참석하였고, 금융정보분석원의 유권해석을 질의하고 답변을 수령하였다.

전산인프라, 한국은행, 자금세탁방지, 금융정보분석원, 금융결제원 등 새로운 라이센스가 도입이 된다면 여러 금융공기관과의 협업이 필요하다.

또 하나는 FATF안 중의 트래블 룰의 준수 여부일 것이다. 보내는 사람은 KYC 받는 사람은 KYT형태를 통해서 과도기적인 상황을 최대한 빨리 넘어갈 수 있도록 하고, 장기적인 대안을 현실화 시켜야 할 것이다.

입법안에서 나온 벌집계좌 사용 금지와 ISMS-P의무화에 대한 대비가 있을 것이다.

	정보보호 준비도 평가	ISMS-P
도입 시기	2014년	ISMS:2002년, ISMS-P:2018년
도입주체	과학기술정보통신부	방송통신위원회, 행정안전부, 과학기술정보통신부
도입의의	기업이 자발적으로 시행하는 정보보호 검진으로 기업내 정보보호 수준을 진단, 평가	기업이 주요 정보자산을 보호하기 위해 정보보호 관리체계가 인증기준에 적합한지를 심사하여 인증을 부여하는 제도
대상	중·소기업 대상	법적 의무대상자, 매출, 방문자 기준 대기업, 대학교, 종합병원
적용 기관	41건(2017년 기준)	ISMS-P 8, ISMS 614

표 7-6 정보보호준비도 평가와 ISMS-P 비교

국내의 ISMS-P 심사원과 국제 ISO27001 심사원을 보유한 필자가 보기에는 김병욱 의원의 ISMS-P 의무화는 모든 거래소에 적용하면 좋은 것은 맞으나 메이저 거래소를 제외하고는 바로 적용은 어려울 것이다. 중·소형 거래소는 정보보호준비도 평가를 메이저 거래소는 ISMS-P를 적용하여 순차적으로 확대하는 것이 필요할 것이다.

가상 실명계좌는 4대 거래소만 이용할 수 있고, 중·소형 거래소의 경우 은행으로부터 가상 실명계좌를 받기가 어려워 벌집계좌로 서비스를 운영해오고 있다. VAN사를 통해서 가상계좌를 발급 받을 수 있지만 결국은 은행의 승인을 받아야 하기 때문에, 일정한 요건을 갖춘 경우에 자본금이나, 인력의 구성, 정보보호 의지 등의 판단기준을 마련하여 가상계좌를 발급받게 하는 것이 좋을 것이다.

기존의 은행이 힘들다면 금융결제원에 오픈API에 가상계좌 서비스를 추가하여 서비스하는 것도 방법이 될 수 있을 것이다.

중·장기적인 대안

크게 2가지의 중·장기적인 대안이 있다. 국내를 대상으로 하고 국내에서도 다시 대상을 분류하여 3단계로 적용을 생각하고, 국내가 아닌 전 세계를 대상으로 하는 방안을 다시 순차적으로 3단계의 적용방안을 고민해보아야 할 것이다.

구분	방안	즉시 적용 대상	2차 대상	3차 대상
국내,해외	화이트리스트 방식, 대검찰청의 가상 화폐 주소 조회시스템	가상자산 거래소	장외마켓, 디파이, 커스터디 등	개인지갑, P2P거래
	탈중앙화 신원확인 시스템			

표 7-7 중장기 적용 방안

화이트 리스트 방식이 좋은 방법이다. 화이트리스트란 '안전'이 증명된 것만을 허용하는 것으로 '악의성'이 입증된 것을 차단하는 블랙리스트 방식과는 상반되는 방식이다. 사전에 안전하게 KYC를 거쳐서 만들어진 가상자산(암호화폐) 주소에만 송금하는 방식인데, 이는 현실적으로 적용이 어려울 것으로 보인다.

대검찰청의 가상화폐 주소 조회 시스템

2019년 3월 29일 대검찰청이 한국블록체인협회에 '가상화폐 주소 조회시스템 개발 협조 요청'이라는 제목의 공문을 발송했다. 대검은 "가상화폐를 이용한 자금세탁과 테러 자금 조달, 사기, 유사수신 등 가상화폐 관련 범죄 수사를 위해 가상화폐 주소를 조회, 거래소를 식별하는 시스템을 개발해 수사에 활용할 것"이라고 밝혔다.

암호화폐주소 조회 시스템이 개발되면 암호화폐 관련 다양한 범죄 행위나 계좌 추적 등이 가능해지고, 불법 행위에 대해 보다 조속히 대응할 수 있다.

시스템 개발 및 향후 운영은 거래소와 대검찰청 사이버수사과가 전담할 것으로 알려졌다. 앞에서 설명 하였듯이 대검은 암호화폐, 핀테크 등 신종범죄를 전담할 형사 10부의 개설을 검토하고 있다.

DID(탈중앙화 신원확인 시스템)와의 연계

탈중앙화 신원확인 시스템 혹은 블록체인 기반 신원인증 방식을 뜻하는 DID는 블록체인 상에 데이터를 올려 이용자가 자신의 개인정보를 주도적으로 활용할 수 있다. 하지만 DID 서비스를 제공하는 기업마다 체계가 달라, 이용자가 정보를 각각 관리해야 하는 등 표준화가 시급하다는 지적이 나오고 있다. 2019년 7월에 한국도 DID 얼라이언스 코리아가 발족되었다.

DID 얼라이언스 코리아는 사회 인프라로부터 소외된 계층도 DID 플랫폼을 이용 가능하고, 공공 제도·복지·의료·교육 경제 인프라가 주는 혜택을 모두가 누릴 수 있게 하자는 비전을 내세우며 출범했다.

DID 얼라이언스 코리아는 국제협력 연계 및 국제협력 포럼 추진, DID 법·정책·제도 관련 정책기획, 민관 협업 방향 제시, 전략적 제휴 협약, DID 국제표준 가이드, 핵심 표준 로드맵 제시, 인증 제도 기술 표준화 추진,개인정보 활용과 보호 등 핵심 기술 동향 분석 및 기술·정책 포럼 운영 등에 역량을 집중할 계획이라고 한다.

이런 DID가 가상자산(암호화폐) 거래소의 신원인증에 사용된다는 것은 미래의 이야기인 것은 맞으나, 이제부터 차근차근 준비를 한다면 먼 미래의 이야기가 아닌 현실에서 솔루션이 될 수 있을 것으로 예상된다.

2019년 8월 5일 태국에서 FATF의 권고안에 따른 자금세탁방지(AML)을 제정하기로 하였다. 태국의 AMLO(자금세탁방지부서)의 프리차 국장 대행은 "아직까진 암호화폐를 활용한 자금세탁 사건이 발생하지 않았으나, 문제가 없다는 뜻은 아니고, 범죄자들은 더욱 디지털 자산에 의존하게 될 것이다."라고 말했다. 이에 따라 AMLO는 불법 자산 은닉을 방지하고, 디지털 상에서 자금세탁의 수단이 될 수 있는 새로운 수단을 밝히는 것에 주력하겠다고 밝혔다.

2019년 7월 말 영국도 FATF권고안에 따른 대응방안을 발표하였다. 전 세계적으로 FATF권고안은 적용범위를 넓어지고 있다.

일본 정부가 암호화폐를 이용한 돈세탁 등을 방지하기 위해 국제은행간 결제시스템망 스위프트(SWIFT)와 유사한 국제망 구축을 주도하고 있다고 로이터통신이 2019년 7월 18일 보도했다.

일본도 표준의 싸움이라는 것을 직감하고 표준을 주도해 나가려고

하는 것이다. KYC, 자금세탁방지 국제 표준이 없는 지금 DID(탈중앙화 신원확인 시스템), 대검찰청의 가상 화폐 주소 조회 시스템 등 한국이 주도하는 다양한 AML(자금세탁방지)정책을 핵심 표준 로드맵 제시하고 자금세탁방지와 연계한 인증 제도 기술 표준화 추진, 연관된 개인정보 활용과 보호 등 핵심 기술 동향 분석 및 운영 등에 역량을 집중하여 국제 표준으로 만드는 방안을 추진하여 블록체인의 거래의 송금과 자금세탁방지 국제 표준을 선점하기 위한 우리의 노력이 절실히 필요한 시점이다.

Chapter 8.
실무 규정 및 법안

1. 자금세탁방지 및 공중협박자금조달금지에 관한 업무 규정

> **자금세탁방지 및 공중협박자금조달금지에 관한 업무 규정**
> [시행 2019. 7. 1.] [금융정보분석원고시 제2019-2호, 2019. 6. 26., 일부개정]
>
> 금융정보분석원(기획행정실), 02-2100-1725

제1장 총칙

제1조(목적) 이 규정은 특정금융거래정보의 보고 및 이용 등에 관한 법률(이하 '법'이라 한다) 제4조부터 제5조의4까지 및 동법 시행령(이하 '영'이라 한다) 제5조제4항·제15조제4항에서 위임된 사항과 그 시행에 필요한 사항을 정함을 목적으로 한다.

제2조(정의) 이 규정에서 사용하는 용어의 정의는 특별히 정한 경우 외에는 법·영 및 「공중 등 협박목적 및 대량살상무기확산을 위한 자금조달행위의 금지에 관한 법률」(이하 "공중협박 자금조달금지법"이라 한다) 등 관련법령에서 정하는 바에 따른다.

제3조(적용대상) 이 규정 중 제1편은 법 제2조제1호에 따른 금융회사 등(법 제2조제1호 하목에 따른 카지노사업자는 제외)에 적용되고,

제2편은 법 제2조제1호 하목에 따른 카지노사업자(이하 "카지노사업자"라 한다)에 적용된다.

제1편 금융회사 등(카지노사업자 제외)
제2장 내부통제 구축

제1절 구성원별 역할 및 책임

제4조(이사회의 역할 및 책임) ①금융 회사 등은 경영진이 설계·운영하는 자금세탁방지와 공중협박 자금·대량 살상 무기 확산자금조달금지(이하 "자금세탁방지 등"이라 한다) 활동과 관련하여 이사회에 역할과 책임을 부여하여야 한다.
② 제1항에 따른 역할과 책임에는 다음 각 호의 사항이 포함되어야 한다.
  1. 경영진이 자금 세탁 방지 등을 위해 설계·운영하는 내부통제 정책에 대한 감독책임
  2. 자금 세탁 방지 등과 관련한 경영진과 감사(또는 감사위원회)의 평가 및 조치결과에 대한 검토와 승인 등

제5조(경영진의 역할 및 책임) ① 금융 회사 등은 경영진에게 자금 세탁 방지 등의 활동에 관한 역할과 책임을 부여하여야 한다.
② 제1항에 따른 역할과 책임에는 다음 각 호의 사항이 포함되어야

한다.
  1. 자금 세탁 방지 등을 위한 내부통제정책[계열회사(「독점규제 및 공정거래에 관한 법률」 제2조제3호에 따른 계열회사를 말한다. 이하 같다)와 자회사(상법 제342조의2에 따른 자회사를 말한다. 이하 같다)를 보유한 금융 회사 등의 경우 계열회사와 자회사를 포함하는 내부통제 정책을 의미한다. 이하 같다]의 설계·운영·평가
  2. 자금 세탁 방지 등을 위한 내부통제 규정 승인
  3. 내부통제 정책의 준수책임 및 취약점에 대한 개선조치 사항의 이사회 보고
  4. 내부통제 정책 이행과정에서 발견된 취약점을 개선할 책임
  5. 자금 세탁 방지 등의 효과적 수행에 필요한 전문성과 독립성을 갖춘 일정 직위 이상의 자를 보고책임자로 임명 및 그 임면사항을 금융정보분석원의 장(이하 "금융정보분석원장"이라 한다)에게 통보 등
  6. 제19조 제2항 제1호에 따른 정책·통제·절차에 관한 사항

제6조(보고책임자의 역할 및 책임) ① 금융 회사 등의 보고책임자는 법 제4조 및 제4조의2에 따라 의심되는 거래 또는 고액현금거래를 금융정보분석원장에게 보고하여야 한다.

② 금융 회사 등의 보고책임자는 법 제5조의2에 따른 고객확인의 이행과 관련된 업무를 총괄한다.

③ 금융 회사 등은 자금 세탁 방지 등을 위한 내부통제 정책의 설계·운영

및 평가와 관련하여 보고책임자에게 역할과 책임을 부여하여야 한다.
④ 제3항에 따른 역할과 책임에는 다음 각 호의 사항이 포함되어야 한다.

1. 관련 규정 및 세부 업무지침의 작성 및 운용
2. 직무기술서 또는 관련규정 등에 임직원별 자금 세탁 방지 등의 업무와 관련한 역할과 책임 및 보고체계 등 명시
3. 전자금융기술의 발전, 금융 신상품의 개발 등에 따른 자금세탁 행위 및 공중 협박자금·대량살상무기확산자금 조달(이하 "자금세탁 행위 등"이라 한다) 유형과 기법에 대한 대응방안 마련
4. 직원 알기제도의 수립 및 운영
5. 임직원에 대한 교육 및 연수
6. 자금 세탁 방지 등의 업무와 관련된 자료의 보존책임
7. 자금 세탁 방지 등의 운영상황 모니터링 및 개선·보완
8. 자금 세탁 방지 등 시스템·통제활동의 운영과 효과의 정기적 점검결과 및 그 개선사항의 경영진 보고
9. 금융거래 규모 등 자체 여건을 감안한 전담직원 배치
10. 기타 자금 세탁 방지 등과 관련하여 필요한 사항 등

⑤ 금융 회사 등의 보고책임자는 금융정보분석원과의 업무협조 및 정보교환 등을 위해 적절한 조치를 취하여야 한다.
⑥ 제5항에 따른 조치에는 다음 각 호의 사항이 포함되어야 한다.

1. 특정금융거래정보의 분석을 위해 금융정보분석원장이 문서에 의해 외국환거래 등을 이용한 금융거래 관련 정보 또는 자료의

제공을 요청하는 경우 그 제공
2. 의심되는 거래보고 및 고액현금거래보고와 관련한 내부보고체계 운용상황의 점검·개선사항에 대하여 금융정보분석원과의 정보교환 등

제2절 교육 및 연수

제7조(교육·연수 실시 등) ① 금융회사 등은 법 제5조제1항 제3호에 따른 교육 및 연수프로그램을 수립하고 운용하여야 한다.
② 보고책임자는 제1항에 따른 교육 및 연수를 연 1회 이상 실시하여야 한다.
제8조(교육내용) ① 금융회사 등은 직위 또는 담당 업무 등 교육대상에 따라 적절하게 구분하여 교육 및 연수를 실시하여야 한다.
② 금융회사 등은 제1항에 따라 교육 및 연수를 실시하는 경우 다음 각 호의 내용이 포함되도록 하여야 한다.
1. 자금세탁방지 등에 관한 법규 및 제도의 주요내용
2. 자금세탁방지등과 관련된 내부정책 및 절차
3. 의심되는 거래의 유형 및 최근 동향
4. 고객확인의 이행과 관련한 고객 유형별 업무처리 절차
5. 의심되는 거래 및 고액현금거래보고 업무처리 절차
6. 자금세탁방지등과 관련된 임직원의 역할 등

제9조(교육방법 등) ① 금융회사 등은 제7조에 따른 교육 및 연수를 집합, 전달, 화상 등 다양한 방법으로 실시할 수 있다.

② 금융회사 등은 교육 및 연수를 실시한 경우 그 일자·대상·내용 등을 기록·보존하여야 한다.

제3절 직원알기제도

제10조(정의) 직원알기제도란 금융회사 등이 자금세탁행위 등에 자신의 임·직원이 이용되지 않도록 하기 위해 임·직원을 채용(재직 중 포함)하는 때에 그 신원사항 등을 확인하고 심사하는 것을 말한다.

제11조(절차수립 등) ① 금융회사등은 직원알기제도의 이행과 관련된 절차와 방법을 수립하여야 한다.

② 금융회사등은 제1항에 따라 수립된 관련 절차 등이 원활하게 운용될 수 있도록 적절한 조치를 취하여야 한다.

제4절 독립적 감사체계

제12조(정의 등) ① 독립적 감사체계란 금융회사 등이 자금세탁방지등의 업무를 수행하는 부서와는 독립된 부서에서 그 업무수행의 적절성, 효과성을 검토·평가하고 이에 따른 문제점 등을 개선하기 위해 취하는 절차 및 방법 등을 말한다.

② 금융회사 등은 제1항에 따라 독립적인 감사를 실시하기 위한 체계를 구축·운영하여야 한다.

제13조(주체) ① 금융회사 등은 감사 또는 감사위원회로 하여금 제12조에 따른 독립적 감사를 실시하도록 하여야 한다.

② 금융회사 등은 제1항에 따른 독립적 감사를 실시하는 자로 하여금 자금세탁방지 등의 업무평가를 위해 관련 전문성을 갖출 수 있도록 적절한 조치를 취하여야 한다.

③ 제1항에도 불구하고 금융회사 등은 감사부서 외의 내부부서(자금세탁방지 등의 업무를 담당하는 부서는 제외한다) 또는 외부전문가로 하여금 독립적 감사를 실시하게 할 수 있다.

제14조(주기) 금융회사 등은 독립적 감사를 연 1회 이상 실시하여야 한다. 다만, 영업점에 대해서는 자금세탁방지 등의 이행수준과 자금세탁행위 등의 위험도를 고려하여 감사주기를 따로 정할 수 있다.

제15조(방법 및 범위) ① 금융회사 등은 실지감사의 방법으로 독립적 감사를 실시하여야 한다. 다만, 영업점에 대해서는 실지감사·서면·모니터링 등의 방법을 활용하여 실시할 수 있다.

② 금융회사 등이 실시하는 독립적 감사는 자금세탁방지 등의 업무 수행의 적절성과 효과성 등을 검토·평가하고 그에 따른 의견을 제시할 수 있도록 다음 각 호의 사항이 포함되어야 한다.

1. 자금세탁방지 등 관련정책, 절차 및 통제활동 등의 설계·운영의 적정성 및 효과성
2. 자금세탁방지 등 모니터링 시스템의 적정성
3. 관련업무의 효율적 수행을 위한 인원의 적정성 등

제16조(결과보고 등) 금융회사 등의 감사 또는 감사위원회는 제14조에 따라 감사를 실시한 후 그 결과를 이사회에 보고하고 감사범위·내용·위반사항 및 사후조치 등을 기록·관리하여야 한다.

제5절 신상품 등 자금세탁방지 절차 수립

제17조(절차 수립) 금융회사 등은 다음 각 호의 어느 하나에 해당하는 사항을 식별하고 확인·평가·이해하기 위한 정책과 절차를 수립·운영하여야 하며, 위험요소를 관리·경감하기 위한 적절한 조치를 취하여야 한다.

1. 금융회사 자체 및 금융거래 등에 내재된 자금세탁행위 등의 위험
2. 신규 금융상품 및 서비스 (새로운 기술 및 지급·결제 수단의 이용에 따른 것을 포함한다) 등을 이용한 자금세탁행위 등의 위험

제6절 자금세탁방지제도 이행 평가

제18조(종합평가) 금융정보분석원장은 자금세탁방지제도의 원활한 정착과 적극적 이행을 유도하기 위하여 매년 금융회사 등의 자금세탁방지제도 이행현황 등에 대하여 종합적인 평가를 실시하여야 한다.

제19조(위험관리수준 평가) ① 금융회사 등은 자신의 자금세탁 행위 등의 위험을 확인·평가·이해(이하 "위험평가 등"이라 한다)하기 위해 다음 각 호의 조치들을 포함하여 적절한 조치를 취해야 한다.

1. 위험평가 등의 결과를 문서화
2. 전반적 위험의 수준과 위험의 완화를 위해 적용되어야 할 적절한 조치의 수준과 종류를 결정하기에 앞서 관련된 모든 위험요소들을 고려
3. 위험평가 등의 결과를 지속적으로 최신 상태로 유지
4. 위험평가 등의 정보를 금융정보분석원장 및 법 제11조제6항에 따른 검사수탁기관의 장에게 제공하기 위한 적절한 운영체계 구축
5. 제28조부터 제31조까지의 내용을 위험평가 등에 반영

② 금융회사 등은 자신의 자금세탁행위 등의 위험을 관리하고 경감하기 위해서 다음 각 호의 조치를 취해야 한다.

1. 경영진의 승인을 거친 정책·통제·절차(이하 "통제 등"이라 한다)를 구비
2. 통제 등의 시행 여부를 감시하고 필요한 경우 통제 등을 강화

3. 자금세탁행위 등의 위험이 높은 것으로 확인된 분야에 대해 강화된 조치 수행
4. 제17조 및 제70조 제2항에 따른 자금세탁행위 등의 위험을 평가할 수 있는 절차 수립·운영 사항 반영

③ 금융회사 등은 법 제5조제1항 제2호에 따른 절차 및 업무지침 작성·운용 사항 중 같은 조 제3항 제1호의 의무이행과 관련하여 제1항 및 제2항의 내용을 반영하고 준수하여야 한다.

④ 금융정보분석원장은 금융회사 등이 자신의 금융거래 등에 내재된 자금세탁행위 등의 위험에 상응하여 적절한 조치를 취하고 있는지 주기적으로 평가('위험관리수준 평가')하여야 한다.

⑤ 금융정보분석원장은 위험관리수준 평가를 위해 필요한 내용을 금융회사 등이 보고하도록 조치할 수 있으며, 금융회사 등은 금융정보분석원장이 정하여 통보한 방법 및 기한 등에 따라 보고하여야 한다. 다만, 금융정보분석원장이 검사수탁기관의 장과 협의하여 달리 정하는 경우에는 그에 따른다.

⑥ 금융정보분석원장은 위험관리수준 평가 결과를 검사수탁기관의 장과 공유하고 감독, 검사 및 교육에 활용하여야 하며, 금융정보분석원장 및 검사수탁기관장은 금융회사 등에 대한 검사계획 수립, 검사의 강도 및 빈도를 결정할 때 다음 각 호를 고려하여야 한다.

1. 각 금융회사 등의 위험 특성에 대한 평가를 통해 파악한 금융회사 등의 자금세탁행위 등의 위험과 관련 정책, 내부통제 및 절차 위험

2. 국가위험평가 등을 통해 확인된 자금세탁행위 등의 위험
3. 우리나라에 존재하는 자금세탁행위 등의 위험
4. 금융회사 등의 특성. 특히 금융회사 등의 다양성, 수, 위험기반 접근법에 따라 금융회사 등에 허용된 재량의 수준

⑦ 금융정보분석원장 및 검사수탁기관장은 주기적인 자금세탁방지 행위 등과 관련 위험관리수준 평가 등에 기반한 점검 및 검사를 실시하고, 금융회사 등의 경영 또는 운영 관련 중요한 사안이 발생했을 때에는 적시에 점검 및 검사를 실시하여야 한다.

제3장 고객확인

제1절 통칙

제20조(정의) ① 고객확인이란 금융회사 등이 고객과 금융거래를 하는 때에 자신이 제공하는 금융상품 또는 서비스가 자금세탁행위 등에 이용되지 않도록 법 제5조의2에 따라 고객의 신원확인 및 검증, 거래목적 및 실제소유자 확인 등 고객에 대하여 합당한 주의를 기울이는 것을 말한다.

② 간소화된 고객확인이란 고객확인 조치를 이행하는 금융회사 또는 금융정보분석원 등 정부에서 실시한 위험평가 결과 자금세탁행위 등의 위험이 낮은 것으로 평가된 고객 또는 상품 및 서비스에 한하여, 제

1항에 따른 고객확인을 위한 절차와 방법 중 일부(제38조에 따른 고객 신원확인 제외)를 적용하지 않을 수 있음을 말한다. 다만, 다음 각 호의 경우에는 간소화된 고객확인 절차와 방법 등을 적용할 수 없다.

 1. 외국인인 고객이 자금세탁방지 국제기구(이하 'FATF'라 한다) 권고사항을 도입하여 효과적으로 이행하고 있는 국가의 국민(법인 포함)이 아닌 경우

 2. 자금세탁 등이 의심되거나 위험이 높은 것으로 평가되는 경우

③ 강화된 고객확인이란 고객확인 조치를 이행하는 금융회사 등 또는 정부에서 실시한 위험평가 결과 자금세탁행위 등의 위험이 높은 것으로 평가된 고객 또는 상품 및 서비스에 대하여 제38조부터 제40조에 따른 신원확인 및 검증 이외에 제41조부터 제42조 및 제4장에 따른 추가적인 정보를 확인하는 것을 말한다.

④ 「보험업법」에 따른 생명보험 등 상법 제639조에 따른 타인을 위한 보험에 따른 금융거래의 경우 고객은 보험계약자 및 수익자를 말한다.

⑤ 금융회사 등이 「신탁법」상 신탁(이하 "신탁"이라 한다)과 금융거래를 하는 경우 고객은 위탁자, 수탁자, 신탁관리인 및 수익자를 포함한다(금융회사 등이 신탁에 대해 고객확인을 이행하는 경우 신탁의 수탁자는 수탁인으로서의 지위를 금융회사 등에 공개해야 한다).

제21조(업무지침의 작성 및 운용) 금융회사 등은 법 제5조의2에 따라 고객확인을 효과적으로 이행하기 위해 작성·운용하는 업무지침에 다음 각 호의 사항을 포함하여야 한다. 다만, 법 제5조의2에 따른 업무지침은 법 제5조제2호에 따른 업무지침에 포함하여 작성·운용할

수 있다.
1. 고객확인의 적용대상 및 이행시기
2. 자금세탁행위 등의 위험도에 따른 고객의 신원확인 및 검증 절차와 방법
3. 고객의 신원확인 및 검증 거절시의 처리 절차와 방법
4. 주요 고위험고객군에 대한 고객확인 이행
5. 지속적인 고객확인 이행
6. 자금세탁행위등의 위험도에 따른 거래모니터링 체계 구축 및 운용 등

제2절 적용대상

제22조(계좌 신규 개설) 법 제5조의2 제1항 제1호 및 영 제10조의2 제2항에 의한 '계좌의 신규 개설'은 다음 각 호를 포함한다.
1. 예금계좌, 위탁매매계좌 등의 신규 개설
2. 보험·공제계약·대출·보증·팩토링 계약의 체결
3. 양도성 예금증서, 표지어음 등의 발행
4. 펀드 신규 가입
5. 대여금고 약정, 보관어음 수탁을 위한 계약
6. 기타 영 제10조의2 제2항에 따른 금융거래를 개시할 목적으로 금융회사등과 계약을 체결하는 것

제23조 (일회성 금융거래) ① 법 제5조의2 제1항 제1호 및 영 제10조의2 제2항에 의한 '일회성 금융거래'는 다음 각 호를 포함한다.

    1. 무통장 입금(송금), 외화송금 및 환전,

    2. 자기앞수표의 발행 및 지급

    3. 보호예수(봉함된 경우 기준금액 미만으로 봄)

    4. 선불카드 매매

    5. 〈삭 제〉

② 제1항에 의한 일회성 금융거래에는 영 제10조의3에 의한 기준금액 이상의 단일 금융거래 뿐만 아니라 동일인 명의의 일회성 금융거래로서 7일 동안 합산한 금액이 영 제10조의3에 의한 기준금액 이상인 금융거래(이하 '연결거래'라 한다)를 포함한다.

③ 제2항에 따른 연결거래의 경우에는 당해 거래당사자가 동 거래를 한 이후 최초 금융거래 시 고객확인을 하여야 한다.

제24조(기타 고객확인이 필요한 거래) ① 〈삭 제〉

  ② 〈삭 제〉

  ③ 금융회사 등은 제45조에 따른 100만원 초과의 전신송금거래가 발생하는 경우 송금자의 성명, 주민등록번호, 수취인의 계좌번호를 확인하여야 한다.

제25조(기존고객) ① 금융회사 등은 법령 등의 개정에 따른 효력이 발생(2008. 12. 22.)하기 이전에 이미 거래를 하고 있었거나 거래를 한 고객(이하 '기존고객'이라 한다)에 대하여 적절한 시기에 고객확인을 하여야 한다.

② 제1항의 고객확인을 하여야 할 적절한 시기는 다음 각 호의 어느 하나에 해당하는 때를 말한다.

    1. 자금세탁행위 등의 우려가 높은 거래가 발생하는 경우

    2. 고객확인자료 기준이 실질적으로 변한 경우

    3. 계좌운영방식에 중요한 변화가 있는 경우

    4. 고객에 대한 정보가 충분히 확보되지 않았음을 알게 된 경우

③ 금융회사 등은 제1항에 따른 효력이 발생한 이후에 고객확인을 통해 새로 고객이 된 자가 그 후 제2항 각 호의 어느 하나에 해당하는 때에는 그 고객에 대하여 다시 고객확인을 하여야 한다.

제26조(인수 및 합병) 금융회사 등은 인수·합병 등을 통해 새롭게 고객이 된 자에 대해서도 고객확인을 하여야 한다. 다만, 다음 각 호를 모두 충족하는 경우에는 이를 생략할 수 있다.

    1. 고객확인 관련기록을 입수하고 피인수기관으로부터 법 제5조의2에 의한 고객확인 이행을 보증받은 경우

    2. 제1호의 고객확인 관련자료에 대한 표본추출 점검 등을 통해 적정하다고 판단되는 경우

제27조(해외지점 등에 대한 고객확인 등) ① 금융회사 등은 해외에 소재하는 자신의 지점 또는 자회사(이하 "금융회사 등의 해외지점 등"이라 한다)의 자금세탁방지 등의 의무이행 여부를 관리하여야 한다.

② 금융회사 등은 FATF 권고사항이 이행되지 않거나 불충분하게 이행되고 있는 국가에 소재한 금융회사 등의 해외지점 등에 대하여 자금세탁방지등과 관련된 기준이 준수되도록 특별한 주의를 기울여야 한다.

③ 금융회사 등은 해외지점 등에 적용되는 자금세탁방지 등에 관한 국내법과 현지법상의 기준이 다를 경우에는 소재국의 법령 및 규정이 허용하는 범위 내에서 더 높은 기준을 적용하여야 한다.

④ 금융회사 등은 현지 국가의 자금세탁방지 등의 기준이 국내 기준이 국내 기준보다 낮은 경우 자금세탁행위 등의 위험을 관리·경감할 수 있는 추가적인 조치를 취하고, 금융정보분석원에 이를 통지하여야 한다.

제3절 위험 평가

제28조(위험 평가) ① 금융회사 등은 자금세탁행위등과 관련된 위험을 식별하고 평가하여 고객확인에 활용하여야 한다.

② 금융회사 등은 자금세탁등과 관련된 위험을 식별하고 평가함에 있어 다음 각호의 위험을 반영하여야 한다.

    1. 국가위험

    2. 고객유형

    3. 상품 및 서비스 위험 등

③ 금융회사 등은 해당 고객의 자금세탁행위 등의 위험도가 적정하게 반영되도록 위험 평가요소와 중요도를 정하여 자금세탁 등의 위험을 평가하여야 한다.

④ 금융정보분석원장(검사수탁기관의 장을 포함한다)은 금융회사 등

이 제3항의 의무를 이행하도록 해야 한다.

제29조(국가위험) ① 금융회사 등은 특정국가의 자금세탁방지제도와 금융거래 환경이 취약하여 발생할 수 있는 자금세탁행위 등의 위험(이하 '국가위험'이라 한다)을 평가하여야 한다.

② 금융회사 등이 제1항에 따라 국가위험을 평가하는 때에는 다음 각 호와 같은 공신력 있는 기관의 자료를 활용하여야 한다.

    1. FATF가 성명서(Public Statement) 등을 통해 발표하는 고위험 국가(Higher-risk countries) 리스트

    2. FATF가 이행 취약국가(Non-compliance)로 발표한 국가리스트

    3. UN 또는 타 국제기구(World bank, OECD, IMF 등)에서 발표하는 제재, 봉쇄 또는 기타 이와 유사한 조치와 관련된 국가리스트

    4. 금융회사 등의 주요 해외지점 등 소재 국가의 정부에서 자금세탁행위 등의 위험이 있다고 발표하는 국가리스트

    5. 국제투명성기구 등이 발표하는 부패관련 국가리스트 등

제30조(고객유형 평가) ① 금융회사 등은 고객의 특성에 따라 다양하게 발생하는 자금세탁행위 등의 위험(이하 '고객위험'이라 한다)을 평가하여야 한다. 이 경우고객의 직업(업종)·거래유형 및 거래빈도 등을 활용할 수 있다.

② 금융회사 등은 다음 각 호의 고객을 자금세탁행위 등의 위험이 낮은 고객으로 고려할 수 있다.

    1. 국가기관, 지방자치단체, 공공단체(영 제8조의5에 따른 공공단체)

2. 법 제2조 및 제11조에 따른 감독·검사의 대상인 금융회사 등(카지노사업자, 환전영업자, 소액 해외송금업자, 대부업자 제외)

3. 주권상장법인 및 코스닥 상장법인 공시규정에 따라 공시의무를 부담하는 상장회사

③ 금융회사등은 다음 각 호의 고객을 자금세탁등과 관련하여 추가정보 확인이 필요한 고객으로 고려하여야 한다.

1. 금융회사등으로부터 종합자산관리서비스를 받는 고객 중 금융회사 등이 추가정보 확인이 필요하다고 판단한 고객

2. 외국의 정치적 주요인물

3. 비거주자(다만, 자금세탁행위등의 위험도를 고려하여 달리 정할 수 있다)

4. 대량의 현금(또는 현금등가물)거래가 수반되는 카지노사업자, 대부업자, 환전영업자 등(영 제8조의4제2호에 따른 "금융정보분석원장이 정하여 고시하는 자"도 이와 동일하다)

5. 고가의 귀금속 판매상

6. 금융위원회가 공중협박자금조달금지법 제4조제1항에 따라 고시하는 금융거래제한대상자

7. UN(United Nations) 결의 제1267호(1999년)·제1989호(2011년) 및 제2253호(2015), 제1718호(2006년), 제2231호(2015년), 제1988호(2011년)에 의거 국제연합 안전보장이사회 또는 동 이사회 결의 제1267호(1999년)·제1989호(2011년) 및 제

2253호(2015), 제1718호(2006년), 제2231호(2015년), 제1988호(2011년)에 의하여 구성된 각각의 위원회(Security Council Committee)가 지정한 자(이하 "UN에서 지정하는 제재대상자"라 한다)

8. 개인자산을 신탁받아 보유할 목적으로 설립 또는 운영되는 법인 또는 단체
9. 명의주주가 있거나 무기명주식을 발행한 회사

제31조(상품 및 서비스 위험) ① 금융회사 등은 고객에게 제공하는 상품 및 서비스에 따라 다양하게 발생하는 자금세탁행위 등의 위험(이하 '상품위험'이라 한다)을 평가하여야 한다. 이 경우 상품 및 서비스의 종류, 거래채널 등을 활용하여 평가할 수 있다.

② 금융회사 등은 다음 각 호를 자금세탁행위 등의 위험이 낮은 상품 및 서비스로 고려할 수 있다.

1. 연간보험료가 300만원 이하 이거나 일시 보험료가 500만원 이하인 보험
2. 보험해약 조항이 없고 저당용으로 사용될 수 없는 연금보험
3. 연금, 퇴직수당 및 기타 고용인에게 퇴직 후 혜택을 제공하기 위하여 급여에서 공제되어 조성된 기금으로서 그 권리를 타인에게 양도할 수 없는 것 등

③ 금융회사 등은 다음 각 호의 상품 및 서비스를 자금세탁행위 등의 위험이 높은 상품 및 서비스로 고려하여야 한다.

1. 양도성 예금증서(증서식 무기명)

2. 환거래 서비스

   3. 자금세탁행위 등의 위험성이 높은 비대면 거래

   4. 기타 정부 또는 감독기관에서 고위험으로 판단하는 상품 및 서비스 등

제4절 이행시기

제32조(원칙) 금융회사 등은 영 제10조의6에 따라 고객이 계좌를 신규로 개설하기 전 또는 당해 금융거래가 완료되기 전까지 고객확인을 하여야 한다. 제20조제4항에 따른 보험금 수익자에 대해서는 수익자 지정 시 및 금융회사 등이 수익자에게 보험금을 지급할 때에 고객확인을 하여야 한다.

제33조(예외) ① 금융회사 등이 영 제10조의6 및 「특정 금융거래정보의 보고 및 감독규정」(이하 "감독규정"이라 한다) 제23조에 따라 금융거래 후 고객확인을 하는 때에는 감독규정 제23조에 따른 고객확인 시기가 도래한 이후 지체없이 이를 이행하여야 한다. 다만, 이 경우 다음 각 호의 요건을 충족하여야 한다.

   1. 고객확인이 가능한 때에는 지체없이 고객확인을 이행할 것

   2. 금융회사 등이 고객의 자금세탁행위 등의 위험을 효과적으로 관리할 수 있을 것

   3. 고객의 정상적인 사업 수행을 방해하지 않을 것

② 금융회사 등은 제1항에 따라 금융거래 후 고객확인을 하는 경우에 발생할 수 있는 자금세탁행위 등의 위험을 관리·통제할 수 있는 절차를 수립·운영하여야 한다.

제34조(지속적인 고객확인) ① 금융회사 등은 고객확인을 한 고객과 거래가 유지되는 동안 당해 고객에 대하여 지속적으로 고객확인을 하여야 한다.

② 제1항에 따른 고객확인은 다음 각 호의 방법으로 하여야 한다.

　　1. 거래전반에 대한 면밀한 조사 및 이를 통해 금융회사 등이 확보하고 있는 고객·사업·위험평가·자금출처 등 정보가 실제 거래내용과 일관성이 있는지 검토

　　2. 현존 기록에 대한 검토를 통해 고객확인을 위해 수집된 문서, 자료, 정보가 최신이며 적절한 것인지를 확인(특히 고위험군에 속하는 고객 또는 거래인 경우)

③ 금융회사 등은 고객의 거래행위를 고려한 자금세탁행위 등의 위험도에 따라 고객확인의 재이행 주기를 설정·운용하여야 한다.

제35조(비대면거래) ① 금융회사 등은 비대면 거래와 관련된 자금세탁 등의 위험에 대처하기 위한 절차와 방법을 마련하여야 한다.

② 금융회사 등은 비대면에 의해 고객과 새로운 금융거래를 하거나 지속적인 고객확인을 하는 경우에 제1항에 따른 절차와 방법을 적용하여야 한다.

이 책에서 법 규정을 다 수록하지는 않았다. 다음의 그림을 참조하여

최신의 법률 자료를 찾아 볼 것을 권한다.

그림 8-1 법제처(www.law.go.kr)에서 특정금융으로 검색한 결과

2. 가상통화 관련 자금세탁방지 가이드라인 개정안

제1절 총칙

☐ (목적) 이 가이드라인은 가상통화 관련 금융거래에 관하여 ①「특정금융거래보고 및 이용 등에 관한 법률」(이하 '특금법')과 그 하위법령의 시행에 필요한 사항을 명확히 하고, ②자금세탁 및 공중협박자금 조달 행위(이하 '자금세탁등')를 효과적으로 방지하기 위해 금융회사등의 준수가 필요한 사항을 규정하기 위함

☐ (정의) 이 가이드라인에서 사용하는 용어의 의미는 다음과 같음
  ㅇ (가상통화) 거래상대방으로 하여금 교환의 매개 또는 가치의 저장 수단으로 인식되도록 하는 것으로서 전자적 방법으로 이전 가능한 증표 또는 그 증표에 관한 정보. 다만, 다음 각 호의 것은 이를 제외함
    1. 화폐·재화·용역 등으로 교환될 수 없는 전자적 증표 또는 그 증표에 관한 정보로서 발행인이 사용처와 그 용도를 제한한 것
    2. 상품권

3. 「게임산업진흥에 관한 법률」제32조제1항제7호에 따른 게임물의 이용을 통하여 획득한 유·무형의 결과물

4. 「전자금융거래법」제2조제14호에 따른 선불전자지급수단 및 같은 법 제2조제15호에 따른 전자화폐

○ (가상통화 취급업소) 가상통화를 보관 · 관리 · 교환 · 매매 · 알선 또는 중개하는 것을 업으로 하는 자(이하 '취급업소')

○ (금융회사등) 가상통화와 관련된 금융거래를 수행하는 특금법 제2조 제1호에 따른 금융회사등

○ (고객과 이용자) 금융거래를 위해 금융회사등과 계약을 체결한 자를 '고객', 가상통화 관련 거래를 위해 취급업소와 계약을 체결한 자를 '이용자'라 함

○ (실명확인 입출금계정서비스) 본인임이 확인된 이용자의 은행계좌와 취급업소의 동일은행 계좌 간에만 입출금을 허용하는 서비스 ('17.12.28일 국무조정실 「가상통화 관련 관계차관회의」 보도자료 참조)

○ **(집금계좌) 가상통화 관련 거래를 위하여 취급업소가 이용자와의 금융거래를 목적으로 금융회사등에 개설한 계좌**

○ (기타) 이 가이드라인에서 정의하지 않은 용어의 의미는 특금법, 같은 법 시행령 및 감독규정, 「자금세탁방지 및 공중협박자금조달금지에 관한 업무 규정」(이하 '업무 규정')을 준용

□ **(적용대상)** 이 가이드라인은 금융회사등을 대상으로 함

○ 이 가이드라인은 금융회사등이 가상통화와 관련한 금융거래를 수행하는 경우 적용되는 사항을 규정

제2절 취급업소에 대한 확인사항 등

☞ 이 절은 금융회사등이 특금법 제5조의2에 따라 취급업소에 대한 고객확인 이행에 필요한 사항을 정함

가. 금융회사등이 금융회사등의 고객을 취급업소로 인식하지 못한 경우

1 (식별절차) 금융회사등은 금융회사등의 고객이 취급업소 인지 여부를 식별하기 위한 절차를 운영

2 금융회사등의 취급업소 식별을 위한 준수사항
  ○ (통계청 표준산업분류) 금융회사등은 금융회사등의 고객이 다음과 같은 업종*에 해당하는 경우 그 고객이 취급업소인지 여부를 식별할 수 있도록 특별히 주의
  * 다음은 취급업소가 사업자로 등록한 업종의 주요 예시이므로 다른 유형의 다양한 업종이 있을 수 있음

1. 전자상거래

2. 소매중개업

3. 응용소프트웨어 개발 및 공급업

4. 컴퓨터 및 주변장치, 소프트웨어 소매업

5. 통신판매업 등

○ **(정보공유체계의 활용)** 금융회사등은 금융회사등 간에 공유한 취급업소 현황을 취급업소 식별에 활용 (→다. 정보공유체계의 운영 참조)

○ **(금융거래의 유형)** 금융회사등은 금융회사등의 고객이 다음 각 호와 같은 금융거래를 하는 경우 그 고객이 취급업소인지 여부를 식별할 수 있도록 특별히 주의

1. 법인 또는 단체 고객의 자본금 규모 대비 금융거래 규모, 횟수가 과다

2. 심야시간(오전 0시~오전 6시)에 금융거래가 지속적으로 발생

3. 단 시간내에 다수의 금융거래가 발생

4. 기타 금융회사등이 취급업소의 식별에 필요하다고 인정하는 금융거래유형

➡ 금융회사등은 식별절차를 통해 고객이 취급업소임을 인지한 경우 자금세탁등의 위험이 높은 고객으로 고려하고 나항에서 규정한 사항을 이행

나. 금융회사등이 금융회사등의 고객을 취급업소로 인식한 경우

① (고객확인 강화) 금융회사등은 취급업소를 자금세탁등의 위험이 높은 고객으로 고려*하여 취급업소에 대해 업무 규정이 열거한 추가적 확인사항(업무 규정 제42조제2항·제3항)과 다음 각 호의 정보를 확인
  * 금융회사등이 추가정보를 확인해 할 고객 대상인 '대량의 현금등가물 거래가 수반되는 카지노사업자, 대부업자, 환전상 등'에 취급업소를 포함(업무 규정 제30조제3항 제4호)

1. 취급업소가 제공하는 서비스의 내용
2. 취급업소의 실명확인 입출금계정서비스 이용여부 및 이용계획
3. 취급업소가 이용자의 생년월일, 주소, 연락처 등을 포함한 신원사항 확인 여부
4. 취급업소가 취급업소의 고유재산과 이용자의 예탁·거래금을 분리하여 관리하고 있는지 여부
5. 취급업소가 이용자별 거래내역을 구분하여 관리하고 있는지 여부
6. 취급업소가 이용자를 상대로 가상통화는 법정 화폐가 아니라는 사실과 가상통화의 내용, 매매 및 그 밖의 거래에 따르는 위험 등을 이용자가 이해할 수 있도록 설명하고 그 의사를 확인하는지 여부
7. 취급업소가 가상통화거래 관련 집금을 위해 임직원 계좌 등 별도의 계좌를 운용하는지 여부

> 8. 대한민국 정부에서 발표하는 가상통화와 관련한 정책의 준수 여부
> 9. 기타 금융회사등이 자금세탁등의 방지를 위해 필요하다고 인정하는 사항

- ㅇ 추가적인 정보의 확인은 취급업소의 사무소, 영업점 등에 방문하여 현지실사 방법으로 실시

② 취급업소가 법인·단체 또는 개인의 계좌를 개설*한 경우
  * 법인·단체 또는 개인이 금융거래 개시를 목적으로 체결한 계약에 의하여 개설된 계좌로서 실명확인 입출금계정서비스를 이용하지 않는 경우를 의미

- ㅇ **(계좌를 집금계좌 용도로 사용하는 경우)** 금융회사등은 자금세탁등을 효과적으로 방지하기 위하여 **다음 각 호의 사항을 이행**

> 1. 취급업소의 임직원 계좌가 가상통화관련 금융거래에 활용되는 것으로 의심되는 경우 임직원 명의 계좌에 대한 강화된 고객확인 및 금융거래모니터링 강화(내①에 따른 사항 포함)
> 2. 금융회사등의 고객 중 민법상 미성년자, 외국인 등의 가상통화관련 금융거래를 식별
> 3. 금융회사등은 취급업소 이용자의 금융거래내역 관리를 대행하거나 실시간 관리가 가능하도록 하는 등 취급업소의 가상통화관련 금융거래내역 관리에 편의성을 제공하는 용역 행위를 자제

4. 기타 금융회사등에서 자금세탁등의 방지를 위해 필요하다고 인정되는 사항

○ (계좌를 집금계좌 이외의 목적으로 사용하는 경우) 금융회사등은 해당 계좌에서 다음 각호에 해당하는 거래가 발생한 경우 특금법 제5조의2 제2호 나목에 따른 금융거래 목적과 자금의 원천을 확인*하고, '계좌를 집금계좌 용도로 사용하는 경우'에 따른 사항을 이행
 * (예시) 집금계좌 이외의 목적으로 사용되는지를 입증하기 위한 서류 제출 요구 등

1. 제2절 가 2 에 따른 '금융거래 유형'에 해당하는 금융거래가 발생한 경우
2. 취급업소의 가상통화거래 관련 집금계좌로부터 이체가 지속적으로 반복 되는 등 이상 거래가 발생하는 경우
3. 기타 금융회사등에서 자금세탁등의 방지를 위해 필요하다고 인정되는 사항

3 (고객에 대한 지속적 확인) 금융회사등은 취급업소를 자금세탁등의 위험이 높은 고객으로 고려하여 6개월 이하의 주기마다 지속적으로 확인

○ 취급업소가 실명확인 입출금계정서비스를 이용하지 않는 등 특별한 주의를 요하는 경우 3개월 이하의 주기마다 지속적으로 확인

다. 정보공유체계의 운영

☐ **(정보공유체계의 운영)** 금융회사등은 <u>국내외에 소재한 취급업소 현황</u>*을 금융회사등의 내부와 금융회사등 간에 공유할 수 있는 체계**를 구축

    * <u>(예시) 준법감시 담당부서와 사업 담당부서 간 공유</u>

    ** 금융회사등이 인지한 취급업소 현황을 「금융실명거래 및 비밀보장에 관한 법률」 제4조제1항제5호에 따라 업무상 필요한 범위 내에서 업권별 협회를 통해 공유(업권 간 공유도 포함)

제3절 의심되는 금융거래의 보고

> ☞ 이 절은 금융회사등이 특금법 제4조에 따라 의심되는 금융거래 보고(이하 '의심거래')의 이행에 필요한 사항을 정함

① **(주요 의심거래 유형)** 금융회사등은 취급업소의 금융거래, 금융회사등의 고객과 취급업소 간 금융거래가 다음 각 호의 어느 하나에 해당하는 경우 의심거래 여부를 판단하여 합당한 근거가 있는 경우 금융정보분석원에 그 사실을 보고

1. **(현금을 수반하는 금융거래)** 금융회사등의 고객이 취급업소의 계좌로 송금한 금융거래 내역은 없으나, 그 고객이 해당 취급업소로부터 자금을 송금받아 그 자금을 대부분 현금으로 인출하는 경우
2. **(취급업소의 현금을 수반하는 금융거래)** 취급업소가 가상통화 금융거래와 관련된 취급업소 명의의 계좌에서 현금으로 출금하는 경우
3. **(분산 금융거래)** 금융회사등의 고객이 다수 개인으로부터 송금받은 자금을 취급업소에게 송금하고, 일정기간 후 다시 해당 취급업소로부터 송금받아 그 자금을 다수 개인들에게 송금하는 경우
4. **(외환 거래)** 해외송금 실적이 없으며, 컴퓨터와 같은 전산 장비 등의 수입 실적 또한, 전혀없는 금융회사등의 다수 고객이 해외 법인 명의의 계좌에 전산설비 수입 명목등으로 자금을 송금하는 경우
5. **(금융거래 액수)** 금융회사등 고객의 1일 금융거래 금액이 1천만원 이상이거나 7일 동안 합산한 금융거래 금액이 2천만원 이상을 거래하는 경우(금융거래 금액이 기준 이하인 경우에도 금융회사등의 고객이 고객확인 사항에 근거하여 볼 때 자금세탁등의 우려가 있다고 판단되는 경우를 포함)
    * 금융거래 금액은 금융회사등을 통한 입·출금 등 금융거래 기준이며, 취급업소를 통한 가상통화 매매가 아님 (취급업소에 이미 입금한 돈으로 가상통화를 매매하는 것은 보고 대상이 아님)
    ** 금융회사등이 금액을 산정할 때는, 동일인 명의로 입금한 금액을 합산하거나, 출금한 금액을 합산함 (예:500만원 입금 후 400만원

출금시 500만원으로 산정)

6. **(금융거래 빈도)** 금융회사등 고객의 금융거래 횟수가 1일 5회 이상이거나 7일 동안 7회 이상인 경우 (거래 빈도가 기준 이하인 경우에도 금융회사등의 고객이 고객확인 사항에 근거하여 볼 때 자금세탁 등의 우려가 있다고 판단되는 경우를 포함)

   * 금융회사등을 통한 입·출금 등 금융거래 기준이며, 취급업소를 통한 가상통화 매매가 아님 (취급업소에 이미 입금한 돈으로 가상통화를 매매하는 것은 보고 대상이 아님)

7. **(분할 금융거래)** 금융회사등 고객이 위 금융거래 액수 및 금융거래 빈도를 회피할 목적으로 금액을 분할하여 금융거래를 하고 있다고 의심되는 합당한 근거가 있는 경우

8. **(금융거래의 주체)** 금융회사등의 고객 중 법인 또는 단체가 취급업소와 가상통화 관련 금융거래를 하는 경우

9. **(취급업소의 금융거래)** 취급업소가 취급업소의 실제소유자, 임직원과 지속적으로 송금 등의 금융거래를 하는 경우

10. **(기타)** 그 밖에 금융정보분석원장이 배포한 의심거래 유형

② (의심거래보고사항) 금융회사등은 금융정보분석원에 의심되는 금융거래를 보고할 때에는 다음 각 호의 사항을 포함

> 1. 보고대상이 된 금융거래 자료
> 2. 보고대상 고객에 대한 특금법 상 고객확인 정보
> 3. 금융회사등이 의심되는 합당한 근거를 기록한 자료
> 4. 기타 금융회사등이 자금세탁등의 우려를 해소하기 위해 판단한 사항

③ (거래모니터링 강화) 금융회사등은 가상통화와 관련한 거래에 대하여 다음 각 호와 같이 의심되는 금융거래 행위를 식별하기 위한 필요한 조치를 수행

ㅇ 특히, 금융회사등은 취급업소가 실명확인 입출금계정서비스가 구축되지 않은 계좌를 통하여 금융거래를 하는 경우 특별한 주의

> 1. 가상통화관련 금융거래에 대해 기존 의심거래보고기준(Rule)에 근거한 모니터링 강화
> 2. 가상통화관련 금융거래에 대해 새로운 의심거래보고기준(Rule)을 추가적으로 수립할 것을 검토
> 3. 금융회사등의 고객 중 3년 내의 기간동안 고액현금거래보고 내역이 있는 고객과 취급업소 간 금융거래에 대한 모니터링 강화
> 4. 가상통화관련 금융거래에 대한 모니터링 전담인력의 지정

5. 다음 각 목의 경우를 포함하여 비정상적인 거래 유형에 특별한 주의

　가. 금융회사등 고객의 금융거래금액이나 금융거래량이 지나치게 큰 경우

　나. 금융회사등 고객의 예금회전율이 예금 규모에 비해 지나치게 높은 경우

　다. 금융회사등 고객이 국외에 소재한 취급업소에 해외송금을 하는 경우

　라. 취급업소의 가상통화거래 관련 집금계좌로부터 이체가 지속적으로 반복되는 경우 등

제4절 내부통제

> ☞ 이 절은 금융회사등이 특금법 제5조에 따른 자금세탁등의 효율적 방지를 위해 이행하여야 할 조치를 정함

1 (내부통제 강화) 금융회사등은 자금세탁등의 방지를 위한 전사적(全社的) 내부통제가 가능하도록 조치하고, 이사회, 경영진 및 보고책임자에게 다음과 각 호의 역할과 책임을 부여하고 준수

1. 이사회의 역할과 책임

   가. 경영진이 가상통화 관련 자금세탁등의 방지를 위해 설계·운영하는 내부통제정책에 대한 감독책임

   나. 자금세탁등의 방지와 관련한 경영진과 감사(또는 감사위원회)의 평가 및 조치결과에 대한 검토와 승인

   다. 기타 가상통화와 관련하여 자금세탁등의 방지를 위해 금융회사 등이 필요하다고 판단한 사항

2. 경영진의 역할과 책임

   가. 가상통화 관련 자금세탁등의 방지를 위한 내부통제정책의 설계·운영·평가

   나. 내부통제 정책의 준수책임 및 취약점에 대한 개선조치 사항의 이사회 보고

   다. <u>자금세탁등의 위험성이 높은 가상통화 관련 금융거래를 개시 또는 존속할 경우 경영진의 승인</u>

   라. 기타 가상통화와 관련하여 자금세탁등의 방지를 위해 금융회사 등이 필요하다고 판단한 사항

3. 보고책임자의 역할과 책임

   가. 고객확인의 이행 및 의심거래보고 업무의 총괄

   나. 내부통제 운영에 대한 정기적 점검 및 그 결과와 개선사항을 경

> 영진에 보고
>
> 다. 기타 가상통화와 관련하여 자금세탁등의 방지를 위해 금융회사 등이 필요하다고 판단한 사항

② **(감사 및 교육)** 금융회사등은 자금세탁등의 방지 업무를 수행하는 부서와는 독립된 부서에서도 이 가이드라인의 준수 여부에 대한 감사를 실시('독립적 감사')하고, 다음의 사항을 포함한 임직원에 대한 교육을 실시

> 1. 가상통화와 관련한 정부 정책의 주요 내용
> 2. 가상통화와 관련한 의심되는 금융거래의 유형 등
> 3. 기타 자금세탁등을 방지하기 위해 금융회사등이 필요하다고 판단하는 사항

③ **(위험의 평가 및 관리)** 금융회사등은 가상통화와 관련한 금융거래에 대해 자금세탁등의 위험을 평가할 수 있는 절차를 수립·운영
  ○ 특히, 가상통화 관련 금융거래는 "상품 및 서비스"에 대한 위험을 평가할 때 위험이 높은 상품 및 서비스로 취급

제5절 거래의 거절 등

> ☞ 특금법 제5조의2제4항은 금융회사등이 금융회사등의 고객이 신원확인 등을 위한 정보제공을 거부하여 고객확인을 할 수 없는 경우에는 계좌 개설 등 해당 고객과의 신규 거래를 거절하고, 이미 금융거래 관계가 수립되어 있는 경우에는 해당 금융거래를 종료하여야 한다고 규정

① 금융회사등은 다음과 같은 경우에는 특별한 사유가 없는 한 '지체없이' 금융거래를 거절하거나 해당 금융거래를 종료

> 1. 금융회사등의 고객이 신원확인, 실제소유자, 금융거래목적 등을 위한 정보 제공을 거부하여 금융회사등이 고객확인을 할 수 없는 경우
> 2. 금융회사등의 고객이 취급업소인 것으로 의심되는 경우로서 고객이 확인을 위해 제공한 정보를 신뢰할 수 없어 사실상 정보 제공을 거부한 것과 동일시할 수 있는 경우

② 금융회사 등은 다음과 같은 경우에는 '지체없이' 금융거래를 거절하거나 해당 금융거래를 종료할 수 있음

> 1. 금융회사등의 고객이 취급업소인 경우로서 실명확인 입출금계정 서비스를 이용하지 않는 등 자금세탁등의 위험이 특별히 높다고 판단하는 경우
> 2. 금융회사등의 고객이 취급업소인 경우로서 취급업소의 주소, 연락처가 분명하지 않거나 취급업소의 휴업·폐업 등*으로 제2절 나①에 따른 현지실사가 불가능한 경우
>   * 국세청에서 발급하는 증명원에 의하여 휴업·폐업 사실이 입증된 경우에 한정

③ 금융거래 거절 및 종료의 경우 금융정보분석원에 의심거래로 보고

④ 금융회사등은 금융거래를 종료한 경우 취급업소 이용자의 보호를 위한 조치*를 수립
   * (예시) 신속한 홈페이지 공시, 취급업소와의 가상계좌 정리방안 마련 등

제6절 제재 관련 사항

□ 특금법 제11조는 금융회사등이 특금법 또는 동법에 따른 명령·지시를 위반하는 경우 제재 조치(시정명령, 관계행정기관의 장에게 영업정지요구 등)를 할 수 있음을 규정
   ㅇ 금융정보분석원장은 금융회사등이 가상통화와 관련한 금융거래 시 특금법 또는 동법에 따른 명령·지시를 위반하는 경우 엄중 조치할 예정
   ㅇ 제재 조치 중 시정명령의 유형과 예시는 다음과 같음

> 1. 시정명령의 유형
>   시정명령에는 금융회사등에 적극적인 행위를 요구하는 내용의 시정명령("작위명령") 이외에 당해 법위반행위의 중지명령, 향후 위반행위 금지명령 등 금융 회사등에 소극적인 부작위를 요구하는 내용("부작위명령")이 포함
>
> 2. 부작위 명령의 기준 및 예시
>   가. 행위중지명령
>   (1) 법 위반행위가 최종적인 제재 처분전까지도 진행 중이거나 위반행위의 효과가 지속되는 경우
>   (2) 행위중지명령의 경우 관련 영업행위, 거래상대방, 위반행위의

내용 또는 방법 등 당해 위법사실을 최대한 반영하여 중지하여야 할 행위를 구체적으로 특정하고, 시정조치 기간을 기재할 예정

〈예시〉

금융회사 ○○○은 이 시정명령을 받은 날로부터 향후 ○년 (또는 ○○○의 위반 사항이 제거될 때)까지 가상통화취급업소인 ○○○에게 ○○○방법으로 ○○○의 금융거래를 하여서는 아니된다. 다만, ○년 이후의 위 행위는 새로운 법위반행위가 될 수 있다.

나. 행위금지명령

(1) 행위금지명령은 원칙적으로 법 위반행위가 제재와 관련한 처분일 전에 이미 종료되었으나, 가까운 장래에 당해 법위반행위와 동일 또는 유사한 행위가 반복될 우려가 있는 경우에 명함

(2) 행위금지명령은 법 위반행위를 최대한 반영하여 향후 이와 동일하거나유사한 행위가 발생한 경우 새로운 위법행위가 아니라, 시정조치 불이행으로 판단할 수 있도록 금지대상이 되는 법 위반행위의 유형을 어느 정도 구체화하여 처분할 예정

〈예시〉

금융회사○○○는 가상통화취급업소인 ○○○에게 ○○○방법으로 ○○○하는 금융거래와 동일 또는 유사한 금융거래를 앞으로 다시 하여서는 아니된다.

○ 금융정보분석원장은 시정명령을 이행하지 아니한 금융회사등에 대해서 관계 행정기관의 장에게 6개월의 범위에서 영업의 전부 또는 일부의 정지를 요구할 수 있음

제7절 유효기간

□ 이 가이드라인은 시행일을 기준으로 하여 그로부터 1년이 되는 해의 기준일 전까지 적용
  ○ 이 가이드라인은 연장할 수 있음

3. 김병욱 의원입법안 주요 내용

특정 금융거래정보의 보고 및 이용 등에 관한 법률 일부개정법률안

(김병욱의원 대표발의)

의 안 번 호	19288

발의연월일 : 2019. 3. 18.

발의자 : 김병욱·유동수·도종환 고용진·윤준호·정재호 이종걸·이용득·최운열· 이학영 의원(10인)

제안이유

가상자산 거래는 익명성이 높아 자금세탁 및 공중협박자금조달의 위험성이 높음에도 불구하고 현재 그 위험성을 예방하기 위한 법·제도적 장치가 마련되어 있지 않은 상황임. 한편, 주요 20개국(G20) 정상회의와 자금세탁방지기구(FATF) 등 국제기구에서는 자금세탁방지 및 공중협박자금조달금지를 위한 국제기준을 제정하고, 회원국들에게 이를 이행할 것을 요구하고 있음. 이에 가상자산 취급업소에 대해서도 자금세탁행위 및 공중협박자금조달행위의 효율적 방지를 위한 의무를 부과하고, 금융회사가 가상자산 취급업소와 금융거래를 수행할 때 준수할 사항을 규정하기 위한 것임.

주요내용

가. 가상자산을 정의하고, 가상자산과 관련한 거래를 영업으로 하는 자를 가상자산 취급업소로 정의함(안 제2조제1호·제2호·제3호).

나. 금융회사등은 가상자산 취급업소와 금융거래를 할 때 가상자산 취급업소의 신고의무 이행 여부 등을 추가적으로 확인하도록 하고, 가상자산 취급업소가 신고의무를 미이행한 것이 확인되는 등의 경우에는 금융거래를 거절하도록 함(안 제5조의2제4항).

다. 가상자산 취급업소의 경우 금융정보분석원의 장에게 상호 및 대표자의 성명 등을 신고하도록 하고, 미신고 영업 시 처벌 규정을 신설함(안 제7조, 제17조 및 제19조).

라. 가상자산 취급업소가 불법재산 등으로 의심되는 거래의 보고 및 고액 현금거래 보고 등의 이행을 위하여 고객별 거래내역을 분리하고 관리하도록 하는 등의 조치해야 할 사항을 규정함(안 제8조).

법률 제   호

특정 금융거래정보의 보고 및 이용 등에 관한 법률
일부개정법률안

특정 금융거래정보의 보고 및 이용 등에 관한 법률 일부를 다음과 같이 개정한다.

제1조 앞에 장 번호 및 제목을 다음과 같이 신설한다.

제1장 총칙

제1조 중 "금융거래를"을 "금융거래 등을"로 한다.

제2조제1호하목을 거목으로 하고, 같은 호에 하목을 다음과 같이 신설하며, 같은 호 거목(종전의 하목) 중 "금융거래를"을 "금융거래등을"로 하고, 같은 조 제2호 각 목 외의 부분 중 ""금융거래"란"을 ""금융거래등"이란"으로 하며, 같은 호에 라목을 다음과 같이 신설하고, 같은 조 제3호부터 제5호까지를 각각 제4호부터 제6호까지로 하며, 같은 조에 제3호를 다음과 같이 신설한다.

하. 가상자산과 관련하여 다음 중 어느 하나에 해당하는 행위를 영업으로 하는 자(이하 "가상자산 취급업소"라 한다)

1) 가상자산을 매도, 매수하는 행위

2) 가상자산을 다른 가상자산과 교환하는 행위

         3) 가상자산을 이전하는 행위 중 대통령령으로 정하는 행위

         4) 가상자산을 보관 또는 관리하는 행위

         5) 1) 및 2)의 행위를 중개, 알선하거나 대행하는 행위

         6) 그 밖에 가상자산과 관련하여 자금세탁행위와 공중협박자금조달행위에 이용될 가능성이 높은 것으로서 대통령령으로 정하는 행위

    라. 가상자산 취급업소가 수행하는 제1호하목의 어느 하나에 해당하는 것(이하 "가상자산거래"라 한다)

3. "가상자산"이란 전자적으로 거래 또는 이전될 수 있는 가치의 전자적 증표(그에 관한 일체의 권리를 포함한다)를 말한다. 다만, 다음 각 목에 해당하는 것은 제외한다.

    가. 화폐·재화·용역 등으로 교환될 수 없는 전자적 증표 또는 그 증표에 관한 정보로서 발행인이 사용처와 그 용도를 제한한 것

    나. 「게임산업진흥에 관한 법률」 제32조제1항제7호에 따른 게임물의 이용을 통하여 획득한 유·무형의 결과물

    다. 「전자금융거래법」 제2조제14호에 따른 선불전자지급수단 및 같은 법 제2조제15호에 따른 전자화폐

    라. 거래의 형태와 특성을 고려하여 대통령령으로 정하는 것

법률 제16293호 특정 금융거래정보의 보고 및 이용 등에 관한 법률 일부개정법률 제3조제1항제1호 중 "제6조에"를 "제9조에"로 하고, 같은 항 제4호부터 제6호까지를 각각 제5호부터 제7호까지로 하며, 같은 항

에 제4호를 다음과 같이 신설하고, 같은 항 제5호(종전의 제4호) 중 "제11조의2에"를 "제15조의2에"로 하며, 같은 항 제7호(종전의 제6호) 중 "제5호까지의"를 "제6호까지의"로 하고, 같은 조 제4항제2호 중 "제7조에"를 "제10조에"로 하며, 같은 항 제2호의2 중 "제7조의2에"를 "제10조의2에"로 하고, 같은 항 제3호 중 "제8조에"를 "제11조에"로 한다.
4. 제7조에 따른 가상자산 취급업소의 신고에 관한 사항

제4조 앞에 장 번호 및 제목을 다음과 같이 신설한다.

제2장 금융회사등의 의무

제4조제1항제1호 중 "금융거래와"를 "금융거래등과"로 하고, 같은 항 제2호 중 "금융거래의"를 "금융거래등의"로, "금융거래를"을 "금융거래등을"로 하며, 같은 조 제6항 각 호 외의 부분 본문 및 제7항 중 "금융거래의"를 각각 "금융거래등의"로 한다.

제4조의2제1항 각 호 외의 부분 본문 중 "금융거래의"를 "금융거래등의"로 하고, 같은 조 제2항 중 "금융거래의"를 "금융거래등의"로, "금융거래를"을 "금융거래등을"로 한다.

제5조의2제1항 각 호 외의 부분 전단 및 같은 항 제1호 각 목 외의 부분 중 "금융거래를"을 각각 "금융거래등을"로 하고, 같은 항 제2호나목 중 "금융거래의"를 "금융거래등의"로 하며, 같은 항에 제3호를 다음과 같이 신설하고, 같은 조 제2항 중 "금융거래의"를 "금융거래등의"로 하

며, 같은 조 제4항 중 "고객이 신원확인 등을 위한 정보 제공을 거부하여 고객확인을 할 수 없는"을 "다음 각 호의 어느 하나에 해당하는"으로 하고, 같은 항에 각 호를 다음과 같이 신설한다.

3. 고객이 가상자산 취급업소인 경우: 다음 각 목의 사항을 확인

　가. 제1호 또는 제2호 각 목의 사항

　나. 제7조제1항 및 제2항에 따른 신고의무의 이행에 관한 사항

　다. 제7조제3항에 따른 신고의 수리에 관한 사항

　라. 제7조제4항에 따른 신고의 직권 말소에 관한 사항

　마. 다음에 해당하는 사항의 이행에 관한 사항

　　1) 예치금(가상자산 취급업소의 고객인 자로부터 가상자산거래와 관련하여 예치받은 금전을 말한다)을 고유재산(가상자산 취급업소의 자기재산을 말한다)과 구분하여 관리

　　2) 「정보통신망 이용촉진 및 정보보호 등에 관한 법률」 제47조 또는 같은 법 제47조의3에 따른 정보보호 관리체계 인증(이하 "정보보호 관리체계 인증"이라 한다)의 획득

1. 고객이 신원확인 등을 위한 정보 제공을 거부하는 등 고객확인을 할 수 없는 경우

2. 고객이 가상자산 취급업소인 경우 다음 각 목 어느 하나에 해당하는 경우

　가. 제7조제1항 및 제2항에 따른 신고 의무를 이행하지 아니한 사실의 확인

　나. 제7조제3항제1호 또는 제2호에 해당하는 사실의 확인

다. 제7조제3항에 따라 신고가 수리되지 아니한 사실의 확인

라. 제7조제4항에 따라 신고가 직권으로 말소된 사실의 확인

3. 그 밖에 고객이 자금세탁행위나 공중협박자금조달행위의 위험성이 특별히 높다고 판단되는 경우로서 대통령령으로 정하는 경우

제13조부터 제17조까지를 각각 제16조부터 제20조까지로 하고, 제9조, 제9조의2, 제10조, 제11조 및 제12조를 각각 제12조, 제12조의2, 제13조, 제15조 및 제14조로 하며, 제6조부터 제8조까지를 각각 제9조부터 제11조까지로 하고, 제7조의2를 제10조의2로 하며, 법률 제16293호 특정 금융거래정보의 보고 및 이용 등에 관한 법률 일부개정법률 제11조의2를 제15조의2로 한다.

제3장(제6조부터 제8조까지)을 다음과 같이 신설한다.

제3장 가상자산 취급업소에 대한 특례

제6조(적용범위 등) ① 이 장은 제2조제1호하목에 따른 가상자산 취급업소에 대해서 적용한다.

② 가상자산 취급업소의 금융거래등에 대해서는 국외에서 이루어진 행위로서 그 효과가 국내에 미치는 경우에도 이 법을 적용한다.

③ 가상자산 취급업소에 대해 제5조의3을 적용하는 경우 정보 제공의 기준·절차·방법과 그 밖에 필요한 사항은 대통령령으로 정한다.

제7조(신고) ① 가상자산 취급업소(이를 운영하려는 자를 포함한다. 이

하 이 조에서 같다)는 대통령령으로 정하는 바에 따라 다음 각 호의 사항을 금융정보분석원장에게 신고하여야 한다.

1. 상호 및 대표자의 성명
2. 사업장의 소재지, 연락처 등 대통령령으로 정하는 사항

② 제1항에 따라 신고한 자는 신고한 사항이 변경된 경우에는 대통령령으로 정하는 바에 따라 금융정보분석원장에게 변경신고를 하여야 한다.

③ 제1항에도 불구하고 다음 각 호의 어느 하나에 해당하는 자에 대하여는 대통령령으로 정하는 바에 따라 가상자산 취급업소의 신고를 수리하지 아니할 수 있다.

1. 정보보호 관리체계 인증을 획득하지 못한 자
2. 실명확인이 가능한 입출금 계정[동일 금융회사등(대통령령으로 정하는 금융회사등에 한한다)에 개설된 가상자산 취급업소의 계좌와 그 가상자산 취급업소의 고객의 계좌 사이에서만 금융거래등을 허용하는 계정을 말한다]을 통하여 금융거래등을 하지 않는다. 다만, 가상자산거래의 특성을 고려하여 금융정보분석원장이 정하는 자에 대해서는 예외로 한다.
3. 이 법, 「범죄수익은닉의 규제 및 처벌 등에 관한 법률」 및 대통령령으로 정하는 법령에 따라 벌금 이상의 형을 선고받고 그 집행이 끝나거나(집행이 끝난 것으로 보는 경우를 포함한다) 면제된 날부터 5년이 지나지 아니한 자(가상자산 취급업소가 법인인 경우 대표자와 임원을 포함한다)

4. 제4항에 따라 신고가 말소되고 5년이 지나지 아니한 자

④ 금융정보분석원장은 다음 각 호의 어느 하나에 해당하는 자에 대해서는 대통령령으로 정하는 바에 따라 제1항 및 제2항에 따른 신고를 직권으로 말소할 수 있다.

1. 제3항 각 호의 어느 하나에 해당하는 자
2. 이 법 또는 이 법에 따른 명령을 위반하여 다음 각 목의 어느 하나에 해당하는 자

　가. 제15조제2항제1호에 따른 시정명령을 이행하지 아니한 경우

　나. 제15조제2항제2호에 따른 기관경고를 3회 이상 받은 경우

　다. 제15조제1항부터 제3항까지 또는 제6항에 따른 명령·지시·검사에 따르지 아니하거나 이를 거부·방해·기피하여 금융정보분석원장(제15조제6항에 따라 업무를 위탁받은 자를 포함한다)으로부터 제재를 받은 자

　라. 그 밖에 고의 또는 중대한 과실로 자금세탁행위와 공중협박자금조달 행위를 방지하기 위하여 필요한 조치를 하지 아니한 경우로서 대통령령으로 정하는 경우

3. 「부가가치세법」 제8조에 따라 관할 세무서장에게 폐업신고를 하거나 관할 세무서장이 사업자등록을 말소한 자

⑤ 금융정보분석원장은 제1항부터 제4항까지에 따른 가상자산 취급업소의 신고에 관한 정보를 대통령령으로 정하는 바에 따라 공개할 수 있다.

⑥ 제1항에 따른 신고의 유효기간은 신고를 수리한 날부터 5년 이하

의 범위에서 대통령령으로 정하는 기간으로 한다. 신고 유효기간이 지난 후 계속하여 같은 행위를 영업으로 하려는 자는 대통령령으로 정하는 바에 따라 다시 신고하여야 한다.

⑦ 금융정보분석원장은 이 조에 따른 가상자산 취급업소의 신고와 관련한 업무로서 대통령령으로 정하는 업무를 「금융위원회의 설치 등에 관한 법률」에 따른 금융감독원의 원장(이하 "금융감독원장"이라 한다)에게 위탁할 수 있다.

제8조(가상자산 취급업소의 조치) 가상자산 취급업소는 제4조제1항 및 제4조의2에 따른 보고의무 등을 위하여 고객별 거래내역을 분리하여 관리하는 등 대통령령으로 정하는 조치를 하여야 한다.

제9조(종전의 제6조) 앞에 장 번호 및 제목을 다음과 같이 신설한다.

4장 특정금융거래정보의 제공 등

제10조(종전의 제7조)제1항제2호 중 "제8조제1항에"를 "제11조제1항에"로 하고, 같은 항 제3호 중 "제6조에"를 "제9조에"로 하며, 제10조의2(종전의 제7조의2)제1항 중 "제7조제1항제3호에"를 "제10조제1항제3호에"로, "제7조에"를 "제10조에"로 한다.

제12조(종전의 제9조) 앞에 "제5장 보칙"을 신설하고, 제12조제1항 각 호 외의 부분 중 "제10조에"를 "제13조에"로, "제11조제7항에"를 "제15조제7항에"로, "제7조제8항의"를 "제10조제8항의"로 하며,

같은 항 제4호 중 "제7조에"를 "제10조에"로 하고, 같은 항 제5호 중 "제11조제1항"을 "제15조제1항"으로 하며, 같은 항 제6호 중 "제7조제9항에"를 "제10조제9항에"로 하고, 같은 조 제2항 중 "제10조에"를 "제13조에"로, "제11조제7항에"를 "제15조제7항에"로 하며, 같은 조 제3항 중 "제7조에"를 "제10조에"로 하고, 같은 조 제4항 본문 중 "제13조 및 제14조와"를 "제16조 및 제17조와"로 한다.

제12조의2(종전의 제9조의2)제1항 중 "제6조·제10조·제11조제7항에"를 "제9조·제13조·제15조제7항에"로 한다.

제13조(종전의 제10조)제1항 각 호 외의 부분 중 "제7조제1항제3호의"를 "제10조제1항제3호의"로, "제6조에"를 "제9조에"로 하고, 같은 조 제3항 각 호 외의 부분 및 같은 항 제3호 중 "금융거래 관련"을 각각 "금융거래등 관련"으로 한다.

제14조(종전의 제12조)제1항 중 "제6조부터 제8조까지, 제10조 및 제11조제7항은"을 "제9조부터 제11조까지, 제13조 및 제15조제7항은"으로 한다.

제15조(종전의 제11조) 앞에 "제6장 감독·검사"를 신설하고, 제15조제6항 중 「금융위원회의 설치 등에 관한 법률」에 따른 금융감독원의 원장이나"를 "금융감독원장이나"로 하며, 같은 조 제7항 전단 중 "금융거래정보나"를 "금융거래등의 정보나"로 한다.

제15조의2(종전의 법률 제16293호 특정 금융거래정보의 보고 및 이용 등에 관한 법률 일부개정법률 제11조의2)제1항 중 "제11조제6항에"를 "제15조제6항에"로, 같은 조 제3항 중 "제11조제7항을"을 "제

15조제7항을"로 한다.

제16조(종전의 제13조) 앞에 "제7장 벌칙"을 신설하고, 제16조제1호 중 "제10조제3항의"를 "제13조제3항의"로, "금융거래"를 "금융거래 등"으로 하며, 같은 조 제2호 중 "제9조제1항을"을 "제12조제1항을"로, "제10조에"를 각각 "제13조에"로, "제11조제7항에"를 각각 "제15조제7항에"로 하고, 같은 조 제3호 중 "제9조제1항을"을 "제12조제1항을"로, "제7조제8항의"를 "제10조제8항의"로 한다.

제17조(종전의 제14조) 제목 외의 부분을 제3항으로 하고, 같은 조에 제1항 및 제2항을 다음과 같이 신설한다.

① 제7조제1항을 위반하여 신고를 하지 아니하고 가상통화거래를 영업으로 한 자(거짓이나 그 밖의 부정한 방법으로 신고를 하고 가상통화거래를 영업으로 한 자를 포함한다)는 5년 이하의 징역 또는 5천만원 이하의 벌금에 처한다.

② 제7조제2항을 위반하여 변경신고를 하지 아니한 자(거짓이나 그 밖의 부정한 방법으로 변경신고를 한 자를 포함한다)는 3년 이하의 징역 또는 3천만원 이하의 벌금에 처한다.

제18조(종전의 제15조) 중 "제13조"를 "제16조"로, "제14조에"를 "제17조에"로 하고, 제19조(종전의 제16조) 본문 중 "제14조의"를 "제17조의"로 하며, 제20조(종전의 제17조)제1항제3호를 같은 항 제4호로 하고, 같은 항에 제3호를 다음과 같이 신설하며, 같은 항 제4호(종전의 제3호) 중 "제11조제1항부터"를 "제15조제1항부터"로 한다.

3. 제8조를 위반하여 조치를 하지 아니한 자

부칙

제1조(시행일) 이 법은 공포 후 1년이 경과한 날부터 시행한다.

제2조(가상자산 취급업소의 신고에 관한 경과조치) 제7조의 개정규정에도 불구하고 이 법 시행 전부터 영업중인 가상자산 취급업소는 이 법 시행일부터 6개월 이내에 제7조의 개정규정에 따른 요건을 갖추어 신고해야 한다.

제3조(금융회사등의 가상자산 취급업소에 대한 고객 확인의무에 관한 적용례) 금융회사등의 이 법 시행 전부터 영업 중인 가상자산 취급업소에 대한 제5조의2의 개정규정 적용은 이 법 시행 후 최초로 실시되는 금융거래등부터 한다. 다만, 이 법 시행 전부터 영업 중인 가상자산 취급업소가 이 법 시행일부터 6개월 이내에 제7조제1항의 개정규정에 따라 신고를 하고 같은 조 제3항 및 제4항의 개정규정에 따라 신고가 수리되지 않거나 직권으로 말소된 사실이 확인되지 않은 경우에는 제5조의2제4항제2호가목의 개정규정은 적용하지 아니한다.

제4조(가상자산 취급업소의 고객 확인의무에 관한 적용례) 이 법 시행 전부터 영업 중인 가상자산 취급업소와 가상자산거래를 하는 고객에 대한 제5조의2의 개정규정의 적용은 이 법 시행 후 최초로 실시되는 가상자산거래부터 한다.

제5조(가상자산 취급업소의 신고에 관한 적용례) 제7조제3항제3호의 개정규정은 이 법 시행 후 최초로 범한 법령 위반행위부터 적용한다.

4.
김수민 의원 입법안 주요 내용

특정 금융거래정보의 보고 및 이용 등에 관한 법률
일부개정법률안

(김수민의원 대표발의)

의안번호	20939

발의연월일 : 2019.6.12.
발 의 자 : 김수민·조경태·김종회
　　　　　이동섭·최도자·임재훈
　　　　　김삼화·이찬열·정병국
　　　　　김중로 의원(10인)

제안이유

 이 법은 외국환 거래 등 금융거래를 이용한 자금세탁행위와 테러자금조달행위를 규제하기 위하여 특정 금융거래정보의 보고 및 이용에 관한 사항을 규정하고 있음.

 한편, 최근 분산원장 기술(블록체인 기술)에 기반한 가상화폐의 거래가 활발히 이루어지고 있는데, 가상화폐의 거래는 익명성을 특징으로 하고 있음. 그러나 거래의 익명성으로 인해 가상화폐가 탈세나 자금세탁, 범죄수익의 은닉수단으로 이용될 가능성이 커 그 부작용을 줄이기 위한 제도적 장치가 필요한 상황임.

이에 이 법의 대상인 금융회사 및 금융거래에 "가상화폐" 및 "가상화폐 취급업자"를 포함하고 가상화폐 취급업자가 자금세탁 및 공중협박자금조달행위의 방지를 위한 의무를 이행하도록 하려는 것임.

주요내용

가. 이 법의 적용대상인 "금융회사등"에 거래상대방으로 하여금 교환의 매개 또는 가치의 저장 수단으로 인식되도록 하는 것으로서 분산원장 기술을 사용한 가상화폐를 포함함(안 제2조제1호하목 신설).

나. "금융거래"의 정의에 가상화폐 취급업자가 가상화폐의 보관·관리·교환·매매·알선 또는 중개 업무를 위하여 가상화폐를 금융자산과 교환하는 것 등을 포함함(안 제2조제2호라목 신설).

다. 금융회사등이 가상화폐 취급업자가 고객인 경우 신고의무를 이행하지 아니한 사실을 확인하면 신규 거래를 거절하고 이미 거래관계가 수립되어 있는 경우에는 해당 거래를 종료하도록 함(안 제5조의2제4항).

라. 가상화폐 취급업자가 상호 및 대표자의 성명 등을 금융정보분석원장에게 신고 또는 변경신고 하도록 하고, 금융정보분석원장이 신고된 가상화폐 취급업자의 정보를 공개할 수 있도록 함(안 제5조의5 신설).

마. 가상화폐 취급업자로 하여금 고객 확인과 관련하여 예탁·거래금

을 가상화폐 취급업자의 고유재산과 구분하여 관리하도록 하는 등 조치의무를 규정함(안 제5조의6 신설 등).

바. 가상화폐 취급업자가 자금세탁행위와 공중협박자금조달행위를 효율적으로 방지하기 위한 조치를 하지 아니한 경우 1억원 이하의 과태료를 부과하도록 하고, 금융정보분석원장에게 신고를 하지 아니한 경우 3천만원 이하의 과태료를 부과하도록 함(안 제17조제1항 및 제2항).

법률 제   호

특정 금융거래정보의 보고 및 이용 등에 관한 법률
일부개정법률안

특정 금융거래정보의 보고 및 이용 등에 관한 법률 일부를 다음과 같이 개정한다.

제1조 중 "금융거래를"을 "금융거래등을"로 한다.

제2조제1호하목을 거목으로 하고, 같은 호에 하목을 다음과 같이 신설하며, 같은 호 거목(종전의 하목) 중 "금융거래를"을 "금융거래등을"로 하고, 같은 조 제2호 각 목 외의 부분 중 ""금융거래"란"을 ""금융거래등"이란"으로 하며, 같은 호에 라목을 다음과 같이 신설한다.

하. 거래상대방으로 하여금 교환의 매개 또는 가치의 저장 수단으로 인식되도록 하는 것으로서 분산원장 기술(거래에 참여하는 사람들이 동기화된 거래 내역을 공동으로 관리하여 위조 등을 방지하는 기술을 말한다)을 사용하여 전자적 방법으로 이전 가능한 증표 또는 그 증표에 관한 정보(이하 "가상화폐"라 한다)를 보관·관리·교환·매매·알선 또는 중개하는 것을 업으로 하는 자(이하 "가상화폐 취급업자"라 한다). 다만, 다음 어느 하나에 해당하는 것은 가상화폐에서 제외한다.

1) 화폐·재화·용역 등으로 교환될 수 없는 전자적 증표 또는 그 증표에 관한 정보로서 발행인이 사용처와 그 용도를 제한한 것

2) 「게임산업진흥에 관한 법률」 제32조제1항제7호에 따른 게임물의 이용을 통하여 획득한 유·무형의 결과물

　　3) 「전자금융거래법」 제2조제14호에 따른 선불전자지급수단 및 같은 법 제2조제15호에 따른 전자화폐

　　4) 그 밖에 거래의 형태와 특성을 고려하여 대통령령으로 정하는 것

　라. 가상화폐 취급업자가 가상화폐의 보관·관리·교환·매매·알선 또는 중개 업무를 위하여 가상화폐를 금융자산과 교환하는 것, 그 밖에 가상화폐를 대상으로 하는 거래로서 대통령령으로 정하는 것

제4조제1항제1호 중 "금융거래와"를 "금융거래등과"로 하고, 같은 항 제2호 중 "금융거래의"를 "금융거래등의"로, "금융거래를"을 "금융거래등을"로 하며, 같은 조 제6항 각 호 외의 부분 본문 및 같은 조 제7항 중 "금융거래의"를 각각 "금융거래등의"로 한다.

제4조의2제1항 각 호 외의 부분 본문 중 "금융거래의"를 "금융거래등의"로 하고, 같은 조 제2항 중 "금융거래의"를 "금융거래등의"로, "금융거래를"을 "금융거래등을"로 한다.

제5조의2제1항 각 호 외의 부분 전단 및 같은 항 제1호 각 목 외의 부분 중 "금융거래를"을 각각 "금융거래등을"로 하고, 같은 항 제2호나목 및 같은 조 제2항 중 "금융거래의"를 각각 "금융거래등의"로 하며, 같은 조 제4항 중 "고객이 신원확인 등을 위한 정보 제공을 거부하여 고객확인을 할 수 없는"을 "다음 각 호의 어느 하나에 해당하는"으로 하고, 같은 항에 각 호를 다음과 같이 신설한다.

　1. 고객이 신원확인 등을 위한 정보 제공을 거부하여 고객확인을 할

수 없는 경우

　2. 가상화폐 취급업자가 고객인 경우 제5조의5제1항에 따른 신고 의무를 이행하지 아니한 사실을 확인한 경우

제5조의3제1항 각 호 외의 부분 중 "자금을"을 "자금 또는 가상화폐를"로, "500만원의"를 "500만원 상당의"로 하고, 같은 항 각 호 외의 부분에 단서를 다음과 같이 신설한다.

　다만, 가상화폐 취급업자의 경우 다음 각 호 중 확인이 불가능한 정보로서 총리령으로 정하는 정보는 제외한다.

법률 제16293호 특정 금융거래정보의 보고 및 이용 등에 관한 법률 일부개정법률 제5조의4제1항 각 호 외의 부분 중 "금융거래관계가"를 "금융거래등의 관계가"로 하고, 같은 항 제1호가목 중 "금융거래"를 "금융거래등"으로 하며, 같은 호 나목 중 "금융거래자료"를 "금융거래등 자료"로 하고, 같은 조 제2항 각 호 외의 부분 중 "금융거래관계가"를 "금융거래등의 관계가"로 하며, 같은 항 제4호 중 "금융거래의"를 "금융거래등의"로 한다.

법률 제16293호 특정 금융거래정보의 보고 및 이용 등에 관한 법률 일부개정법률에 제5조의5 및 제5조의6을 각각 다음과 같이 신설한다.

제5조의5(가상화폐 취급업자의 신고의무) ① 가상화폐 취급업자는 대통령령으로 정하는 바에 따라 다음 각 호의 사항을 금융정보분석원장에게 신고하여야 한다.

　1. 상호 및 대표자의 성명

　2. 취급하는 가상화폐 거래의 범위 및 내용

3. 그 밖에 자금세탁행위와 공중협박자금조달행위를 효율적으로 방지하기 위하여 대통령령으로 정하는 사항

② 제1항에 따라 신고한 가상화폐 취급업자는 신고한 사항을 변경하려면 대통령령이 정하는 바에 따라 금융정보분석원장에게 변경신고를 하여야 한다.

③ 금융정보분석원장은 제1항에 따라 신고한 가상화폐 취급업자의 정보를 대통령령으로 정하는 바에 따라 공개할 수 있다.

④ 금융정보분석원장은 제3항에 따른 업무를 대통령령으로 정하는 자에게 위탁할 수 있다.

제5조의6(가상화폐 취급업자의 조치의무) ① 가상화폐 취급업자는 자금세탁행위와 공중협박자금조달행위를 방지하기 위하여 다음 각 호에 따른 조치를 하여야 한다.

1. 예탁·거래금(이용자로부터 가상화폐의 매매, 그 밖의 거래와 관련하여 예치받는 금전을 말한다)을 가상화폐 취급업자의 고유재산과 구분하여 관리할 것
2. 실명확인 입출금 계정서비스를 이용할 것
3. 이용자별 거래 내역을 구분하여 관리할 것
4. 가상화폐 거래 관련 자금 모집을 위해 임직원 계좌 등 별도의 계좌를 운영할 것
5. 그 밖에 자금세탁행위와 공중협박자금조달행위를 효율적으로 방지하기 위한 조치로서 대통령령으로 정하는 조치

② 제1항 각 호에 따른 조치의 절차·방법과 그 밖에 필요한 사항은

대통령령으로 정한다.

제10조제1항 각 호 외의 부분 및 같은 조 제2항 중 "금융거래정보는"을 각각 "금융거래등의 정보는"으로 하고, 같은 조 제3항 각 호 외의 부분 및 같은 항 제3호 중 "금융거래"를 각각 "금융거래등의"로 한다.

제11조제7항 전단 중 "금융거래정보나"를 "금융거래등의 정보나"로 하고, 같은 조 제9항 중 "금융거래정보를"을 "금융거래등의 정보를"로 한다.

제13조제1호 중 "금융거래"를 "금융거래등"으로 한다.

법률 제16293호 특정 금융거래정보의 보고 및 이용 등에 관한 법률 일부개정법률 제17조제1항제3호를 제4호로 하고, 같은 항에 제3호를 다음과 같이 신설하며, 같은 조 제2항에 제4호를 다음과 같이 신설한다.

3. 제5조의6제1항을 위반하여 같은 항 각 호에 따른 조치를 하지 아니한 가상화폐 취급업자

4. 제5조의5제1항 또는 제2항을 위반하여 신고 또는 변경신고를 하지 아니한 가상화폐 취급업자

부칙

이 법은 2019년 7월 1일부터 시행한다.

5. (보도자료) 제30기 제3차 국제자금세탁방지기구(FATF) 총회 참석

금융위원회	보 도 자 료			•생산적 금융 •포용적 금융 •신뢰받는 금융
	보도	2019.6.24(월) 조간	배포	2019.6.23(일)
책임자	금융정보분석원 기획협력팀장 손성은(02-2100-1730)		담당자	김지웅 사무관(2100-1725) 유미리 사무관(2100-1737) 정진구 사무관(2100-1753)

제목 : 제30기 제3차 국제자금세탁방지기구 (FATF) 총회 참석

※ Financial Action Task Force : '89년 설립된 자금세탁방지·테러자금조달금지 관련 국제기구로, 美·中·日 등 37개국(한국은 '09.10월 가입, 사우디는 '19.6월 신규가입), 유럽연합 집행위원회(European Commission), 걸프협력회의(Gulf Cooperation Council) 등 참여

◆ FATF 총회* 참석개요

o '19.6.16일(日)~6.21일(金), 금융정보분석원(원장 : 김근익)은 법무부, 외교부, 국세청, 관세청, 금감원 등과 함께 미국 올랜도에서 개최된 제30기 제3차 FATF 총회에 참석하였음

* FATF는 매년 3회(2월, 6월, 10월)에 걸쳐 총회를 개최하고 있으며, 통상 2월·10월 총회는 FATF가 위치한 파리에서, 6월 총회는 의장국에서 개최 (現 FATF 의장국은 미국이며, 한국은 '15~'16년중 의장국을 旣역임)

◆ 주요 논의 내용

❶ 가상자산 관련 국제기준* 및 공개성명서** 채택

   * 가상자산 취급업소에 대한 인·허가 또는 신고·등록의무, 자금세탁방지·테러자금조달금지를 위한 효과적 규제·감독체계 구축, 예방적 감독의무 등 부여
   ** 가상자산 관련 국제기준 이행조치 촉구 및 FATF 차원의 국가별 이행상황 점검 등

❷ FATF 국제기준 미이행국에 대한 제재 논의

❸ 회원국(그리스·홍콩)에 대한 상호평가 결과 논의 등

【주요결과 ❶】 가상자산 관련 국제기준 및 공개성명서 채택

※ FATF는 가상자산(Virtual Assets), 가상자산 취급업소(Virtual Assets Service Provider)라는 용어 사용

◆ '19.6월 총회에서는 가상자산 관련 ❶주석서(구속력有) 및 ❷지침서(구속력無)를 확정하고, ❸공개성명서를 채택

○ 이는, 가상자산 관련 FATF 권고기준(Recommendation.15)을 채택한 '18.10월 FATF총회 결정*의 후속조치에 해당

   * 정의규정 마련, 자금세탁방지/테러자금조달금지 관련 의무 부과 등

① 가상자산 관련 주석서*(Interpretive Note to R.15) 확정

    * 권고기준(Recommendation)과 함께 각국이 지켜야 할 구속력 있는(Binding) 국제 기준

- 금번 총회에서는 가상자산 취급업소가 준수해야 할 의무 등 구체적 사항을 규정한 '가상자산 관련 주석서'를 최종 확정
⇒ 이미 FATF의 권고기준 및 주석서의 주요내용을 반영한 특정금융정보법 개정안이 현재 국회 계류 중

【참고】가상자산 관련 주석서의 주요 내용

① [인·허가(license) 또는 신고·등록(register)] 가상자산 취급업소는 감독당국에게 허가를 받거나 신고, 등록을 하여야 함(자율규제 기관에 의한 허가 등은 불인정)
→ 범죄(경력)자의 가상자산 업(業) 진입을 차단하고, 미신고영업은 제재(sanction)

② [자금세탁방지 관련 규제·감독(Regulation and supervision)] 감독당국에 의해 감독되어야 하고, 감독당국은 효과적인 감독수단*을 보유해야 함

    * 감독당국은 가상자산 취급업소의 의무위반시 허가·신고를 취소·제한·중지시킬 수 있는 권한, 효과적·비례적·억제적 제재(effective, proportionate and dissuasive sanctions) 부과권한 보유

③ [예방조치(preventive measures) 이행의무] 가상자산 취급업소에게 금융회사에 준하는 자금세탁방지의무*를 부과

* 고객확인의무(Customer Due Diligence), 의심거래보고(Suspicious Transaction Report) 등
- 기존 금융회사와 동일하게, 가상자산 송금도 송금·수취기관 모두 송금인·수취인 관련 정보를 수집·보유하고 필요시 당국에 정보를 제공

2 가상자산 관련 지침서(Guidance) 발간

○ FATF는 각국 정부, 이해관계자가 실제 운용과정에서 참고할 수 있도록 해설서 성격의 비구속적(Non-binding)인 지침서를 발간

⇒ 향후 가산자산 관련 특금법 개정이 완료될 경우, 하위법령 개정에 同 가이던스 내용을 적극 활용할 예정

3 가상자산 관련 공개성명서(Public Statement) 채택

○ FATF는 가상자산을 이용한 범죄와 테러의 위협이 중대(serious)하고 긴급(urgent)하다고 판단하여, 각국에게 가상자산 관련 국제기준의 조속한 이행(prompt action)을 요청함

- 허가·신고 절차를 마련하는 대신, 각국의 개별적 결정에 따라 가상자산 관련 행위를 금지(prohibit)하는 것이 가능함을 언급

○ FATF는 각국의 가상자산 관련 새로운 국제기준 이행상황*을 모니터링하고, '20년 6월 총회에서 이행상황을 점검(12-month review)할 계획임을 밝힘

  * 각국의 입법 진행상황 및 가상자산 취급업소의 이행현황 등

- ○ 또한, 금번 확정된 국제기준은 UN 안전보장이사회 결의('19.3.23일, 유엔안보리결의 2462호)와 G20 정상회의 및 G20 재무장관회의의 요청 및 지지에 따른 것이며,
  - FATF의 가상자산 관련 국제기준 마련 결과를 일본 G20 정상회의(일본 오사카, '19.6.28~29일)에 보고할 예정

【주요결과 ❷】FATF 국제기준 미이행 국가에 대한 제재 논의

- □ FATF는 각국의 국제기준 이행을 종합 평가하고, 미이행·비협조 국가에 대한 제재를 담은 공개성명서(Public Statement) 등 채택
- ○ 종전과 같이 북한에 대해서는 최고수준 제재(Counter-measure)를, 이란에 대해서는 특별한 주의의무(Enhanced due diligence) 유지
- ○ 한편, 기존 'Compliance Document'(자금세탁방지제도상 취약점 있음) 12개국 중 11개국은 '현행 유지(status-quo)'로 결정하고,
  - 개선점이 있었던 세르비아는 제재 리스트에서 제외하되, 파나마는 신규로 추가(총 12개국)

< 국제기준 미이행 국가에 대한 FATF 제재 >

종류		효과	국가
❶ Public Statement	Counter-measure	사실상 거래중단, 해당 국가에 금융회사 해외사무소 설립 금지 등 적극적 대응조치	북한
	Enhanced due diligence	자금세탁방지제도에 결함이 있어 해당국가와의 거래관계에 특별한 주의	이란
❷ Compliance document		자금세탁방지제도에 취약점이 있으므로, 해당 국가와 거래관계시 관련 위험을 참고	12개국*

* (현행유지) 예멘, 에티오피아, 스리랑카, 시리아, 트리니다드토바고, 튀니지, 파키스탄, 바하마, 보츠와나, 가나, 캄보디아 / (추가) 파나마

【주요결과 ❸】회원국에 대한 FATF 상호평가(Mutual Evaluation) 등

□ 이번 총회에서는 그리스, 홍콩의 FATF 상호평가 결과에 대해 논의하였음

□ 한편, 기존 FATF 상호평가를 받은 아이슬란드에 대해서는 후속 개선상황을 점검

☞ 본 자료를 인용 보도할 경우 출처를 표기해 주십시오.
http://www.fsc.go.kr

금융위원회 대변인
prfsc@korea.kr

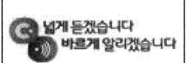

참고 1   FATF (Financial Action Task Force) 개요

□ 설립 목적

- UN 협약* 및 안보리 결의와 관련된 금융조치(Financial Action)의 이행을 위한 행동기구(Task Force)로서 '89년 설립

    * 비엔나 협약('88, 마약), 테러자금 조달 억제에 관한 UN협약('99), 팔레르모 협약('00, 조직범죄), 메리다 협약('03, 부패) 등

- 마약자금('89)에서 중대범죄의 자금세탁('96), 테러자금조달('01), 대량살상무기 확산금융('12) 방지로 관할범위를 지속 확대

□ 주요 기능

- 국경을 초월하여 발생하는 자금세탁·테러자금조달에 공동 대응하기 위하여 국제기준을 마련하고, 각 국가의 이행 현황을 평가
- 비협조 국가 및 국제기준 미이행 국가에 대한 금융제재 결정
- 자금세탁·테러자금조달 수법 등에 대한 연구, 대응 수단 개발 등

□ 운영 방식

- 총회(Plenary), 운영위원회(Steering Group), 5개 실무그룹(Working Group)으로 운영되며, 연 3회 총회 개최를 원칙으로 함

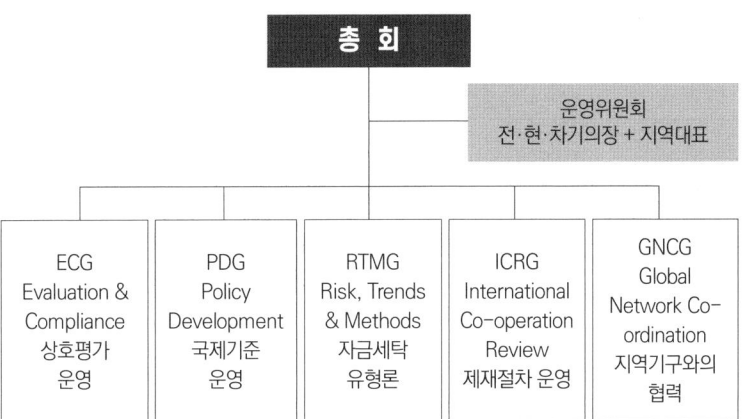

□ 회원 구성

o 정회원(36국+2기구), 준회원 (9개 지역기구), 옵저버로 구성

- 이외에도 FATF 산하 9개 지역기구(FATF Style Regional Body)를 통해 전 세계 대부분의 국가를 관할* 북한도 아태지역기구에 옵저버 가입

o 우리나라는 '98년 아태지역기구*(APG), '09년 FATF 정회원 가입

  * 41개 회원국 및 37개 옵저버(9개국 + APEC.ADB 등 28개 국제기구)

주요 용어 정리

AML	Anti-Money Laundering 자금세탁방지	
CDD	Customer Due Diligence 고객 확인 제도	
CTF	Countering the Financing of Terrorism (also used for Combating the financing of terrorism 테러자금조달금지	
CTR	Currency Transaction Report 고액 현금거래보고 제도	
DeFi	Decentralized Finance 탈중앙화 금융시스템	
DEX	Decentralized Exchange 탈중앙화 거래소	
DID	Decentralized Identifier 탈중앙화 신원확인 시스템	
EDD	Enhanced Due Diligence 강화된 고객확인제도	
FATF	Financial Action Task Force 자금 세탁 방지 국제기구	

FIU	Financial Intelligence Unit 금융정보분석원	
ISMS	Information Security Management System 정보보호관리체계	
KYC	Know Your Customer 고객 알기	
KYE	Know Your Employee 직원 알기	
KYT	Know Your Transaction 거래 알기	
OFAC	Office of Foreign Assets Control 미국 재무부 해외자산통제국(재무부 산하 기관)	
PEP	Politically Exposed Person 정치적 주요인물	
RBA	Risk Based Approach 위험 기반 접근법	
Stable Coin	법정화폐로 표시한 코인의 가격이 변동되지 않고 안정된 암호화폐	
STR	Suspicious Transaction Report 의심거래보고제도	
Travel Rule	암호화폐 송금인과 수취인의 정보 수집 의무를 부과하는 것	
WLF	Watch List Filtering 요주의 리스트 필터링	

참고 문헌

- 박영사, 자금세탁방지제도의 이해, 장일석 저
- 박영사, 고객확인제도 올바로 이해하기, 이민섭 저
- 오래, 자금세탁방지제도 핵심정리문제, 차정현 저
- 금융연수원, 자금세탁방지가이드, 고철수, 김춘규 저
- 금융위원회(2019.07) 리브라 이해 및 관련 동향
- 금융위원회(2019.02) 국가 자금세탁·테러자금조달 위험평가
- 금융감독원(2018), 전자금융업자의 간편송금 거래현황 및 시사점'
- 보안뉴스(2017), 2017년 분야별 개인정보보호 이슈 짚어보기– 3. 핀테크
- 보험연구원(2017), 연구보고서 2017.11.03 4차 산업혁명과 핀테크
- 마이크로 소프트웨어(2017.10), 가볍게 읽어보는 블록체인 이야기,
- 금융감독원(2018.8) 전자금융업자의 간편송금 거래현황 및 시사점
- 금융정보분석원(2010.10) 국내 자금세탁방지제도의 이해
- 금융감독원(2019.6) 글로벌 핀테크 10대 트랜드 및 시사점'
- 연합뉴스(2016.09.05) '北김정은'과 이름 같다는 이유로…해외송금액 美은행에 묶여
- 아시아 경제(2018.05.01) 모네로·대시 등 '다크 코인' 퇴출될까…日금융청, 거래 금지…,
- 매일경제(2019.02), 코인원 해외송금 서비스,
- 매일경제(2019.06), 핀테크 유니콘 키운다,
- 농민신문(2018.05)레그테크 – AI 등 활용해 금융규제 지키도록 돕는 기술
https://www.nongmin.com/news/NEWS/ECO/FNC/291208/view

- 세계 100대 핀테크 기업 TOP5에 中기업 3개…韓 비바리퍼블리카와 데일리 금융그룹 이름 올려
  https://platum.kr/archives/109404
- 내달 은행권 오픈뱅킹 시범 가동…은행-핀테크 플랫폼 경쟁
  http://www.dt.co.kr/contents.html?article_no=2019092502109958727003
- 블록체인 해외송금, 모인 규제 샌드박스 https://blockpost.com/market/40169/
- 체이널리시스 "올해 다크웹 비트코인 결제 규모 10억달러.. http://m.coinreaders.com/4717
- 유로폴, 비트코인 돈세탁 사이트 '베스트 믹서..' https://blockpost.com/coindesk/41554/
- 사이버 범죄자들, 암호화폐 통한 자금 세탁..
  https://www.boannews.com/media/view.asp?idx=71061
- 다크웹속 비트코인 추적한다. ...AI보안관..https://blockinpress.com/archives/17680
- 바이낸스, 체이널리시스와 협력해 '자금세탁방지' 대응 나서
  https://www.tokenpost.kr/article-4529
- 블록미디어(2019.03.29), 스테이블 코인 한눈에 이해하기,
  https://www.blockmedia.co.kr/archives/81295
- 블록체인에 사용되는 합의 알고리즘2-작업증명, 지분증명
  https://sky930425.blog.me/221532530549
- 코인스타, 블로체인 합의모델
  http://www.coinistar.com/?t=all&idx=1396
- 코인데스크 코리아(2019.06.11), KB국민은행이 디지털자산 수탁 사업에 나선다 https://www.coindeskkorea.com/kblaunchcryptocustody/
- 데일리 토큰(2019.07.08)전자 지갑 '플러스 토큰', 3조원 먹튀 의혹
  http://www.dailytoken.kr/news/articleView.html?idxno=13052
- 미국 재무부, 승인 된 개인을 위한 BTC 주소 목록

https://ihodl.com/analytics/2018-11-29/us-treasury-lists-btc-addresses-sanctioned-individuals/
- [언론에 비친 츄츄] "블록체인도 보안에 힘써야 비용 줄일 수 있다"
  https://www.startupstation.kr/?p=4916
- "다크웹 속 비트코인 추적한다"…AI 보안관 만드는 S2W랩 포부는
  https://blockinpress.com/archives/17680
- 내 이더 훔쳐간 놈 찾다가 암호화폐 추적 솔루션 개발했다오
  https://blockpost.com/coindesk/41001/
- 토큰의 분류 https://www.tokenpost.kr/terms/13926
- 코인베이스, 커스터디 서비스 오픈.. 기관 진입 본격화되나
  https://blockinpress.com/archives/6507
- 美 포브스 "페북 리브라, 이미 이더리움·라이트코인·리플 앞섰다"
  http://www.coinreaders.com/4924